청소년과 삶을 나누는 사람들의 이야기
매일 피어나고 있다

지은이 / 들꽃청소년세상 종사자

프롤로그   8

1. 평화는 내가 만드는 것 / 청소년 시민성 향상

더 나은 미래와 변화를 위한 앳된 목소리 / 김재성   15
재미 / 김민철   19
돌봄 / 이지혜   27
첫 번째 일 / 김은비   31
빈부격차가 아닌 빈부격파 / 박성배   35
평화는 내가 만드는 것! / 조은빛   38
다꿈 이용자에서 참여자로 변화하는 보람티어 / 김성훈   43
청소년이 사회 시민으로 성장해 나가는 곳.. / 최경화   47
내 마음의 양은냄비는 아직 따듯하다 / 김학준   51
변화의 계절 / 이사은   58

2. 아무도 가보지 않은 길 / 청소년의 안정적 자립수준 향상

2024년, 작은 변화가 불러온 희망의 이야기 / 홍승완   67
그냥 사랑해버리면 돼! / 장다현   71
미래를 여는 청소년 / 이지환   76
방황하는 마음에 따뜻한 위로를 / 김제영   81
자립의 의미란 뭘까? / 김승민   85
일상 속 청소년의 자립역량강화 / 허유리   88
아무것도 몰라요 / 이윤희   92
오늘과 내일의 청년 사업의 의미 / 은효정   95

아무도 가보지 않은 길 / 김희망　　　　　　　　　102

하나의 별이 빛나기까지 / 정다권　　　　　　　　106

함께 나아가는 길 위에서 / 안정화　　　　　　　　112

청소년의 사회적 기술 향상 / 김경미　　　　　　　117

자립과 선택 / 윤수현　　　　　　　　　　　　　　121

자신의 삶을 책임지는 성인으로 성장하기 위해 / 박성민　124

독 / 박연주　　　　　　　　　　　　　　　　　　128

변화 / 박성아　　　　　　　　　　　　　　　　　131

내 머릿속은 꽃밭 / 김현희　　　　　　　　　　　136

3. 들꽃 비전이 나의 비전이 되기까지
/ 가치구현체계에 따른 실무 역량강화

들꽃의 비전이 나의 비전이 되기까지 / 장지용　　　147

강점 중심의 돌봄으로 존엄성 회복, 지역사회와 연대하는 건강한 자립 / 김현규　151

서른 살의 들꽃, 그리고 나 / 이경태　　　　　　　157

실무자와 함께 가는 길 / 김영빈　　　　　　　　　162

우리의 몫을 이루는 나의 몫 / 조혜리　　　　　　　167

배움 / 김다희　　　　　　　　　　　　　　　　　170

나아가는 길 / 정지숙　　　　　　　　　　　　　　174

야긴새벽이슬가정 설립20주년 / 김동은　　　　　　178

우리 아이들에게 평화를 / 장현호　　　　　　　　182

길 위에서 만난 동지들 / 오성우　　　　　　　　　187

4. 바로 설 자리 / 청소년 자립지원 시스템 구축

M과 이웃으로 살아가기 / 조순실   193
이별을 딛고 만남을 준비하다 / 김하랑   197
바로 설 자리 / 김윤희   201
공동생활가정 / 방초희   207
더 나은 환경, 더 밝은 내일 / 박청향   210
해를 거듭할수록 이어진 연 / 이현아   214
공식적 지원대상, 비공식적 이웃 시민 / 박재석   220

5. 청소년 지구시민 / 지구시민으로의 국제교류 활성화

천천히 해야겠지만 꼭 해야 하는 일 / 조용준   227

6. 아이들이 만드는 아이들의 우주 / 사회참여 수준 향상

아이들이 만드는 아이들의 우주 / 임진영   233
포용의 힘 / 진광호   238
더 나은 지역사회를 위한 여정 / 이경민   244
진심으로 관심을 가지면 생기는 일 / 정이한   247

7. 언젠가는 / 지역사회 네트워크 강화

'진지해서 좋아'의 준비과정부터 진행까지 / 김현아   253
언젠가는 / 황혜신   256

8. 느슨한 연대 / 후원자 확장과 참여시스템 강화

인드라얄라(느슨한 연대) / 이솔   263
청소년을 지역사회와 함께 키우는 가정 / 유명한   268
한 명의 후원자가 10명의 후원자를 만든다 / 김진희   271

9. 들꽃의 입체적인 발걸음을 생각하며 / 들꽃비전설정

관악산을 오르며 '들꽃'의 입체적인 발걸음을 생각하며 / 김현수   275
들꽃 30년, 네 번째 비전을 함께 하다 / 박미선   278

| prologue |

들꽃을 피우는 방법

정건희 공동대표/사.들꽃청소년세상

꽃이 피네 한 잎 한 잎
한 하늘이 열리고 있네
마침내 남은 한 잎이
마지막 떨고 있는 고비
바람도 햇볕도 숨을 죽이네
나도 아려 눈을 감네.

이호우 님의 시조 '개화(開花)'입니다. 마지막 꽃잎이 열리는 순간이 눈에 그려집니다. 바람도 햇볕도 숨을 죽이는 한순간, 시인도 아려서 눈을 감는 그 짧은 시간.

예수께서 길을 떠나는데, 한 청년이 달려와서, 그 앞에 무릎을 꿇고 "영원한 생명을 얻으려면 무엇을 해야 하느냐?"고 묻습니다. 계명을 알고 있느냐 물으니, 청년은 어려서부터 모두를 지키고 있다고 했어요. 십계명을 모두 지키다니 쉽지 않은 일입니다. 그래서일까요? 예수님께서 청년을 사랑스럽게 여기시면서 말씀하십니다. "너에게 한 가지 부족한 게 있는데, 네가 가진 것을 모두 팔아서, 가난한 사람들에게 주고 나를 따르라"고 했습니다. 그러자 청년은 울상을 짓고, 근심하며 그 자리를 떠나 버렸습니다.

지난 주 목사님이 청년이 떠나기 전 그 순간을 개화 시조 읽어 주시며 꽃잎이 열리는 순간이라고 비유하셨습니다.

어느 순간인지 모르지만, 모든 사람에게 꽃이 피는 순간이 있습니다. 그 순간의 결정이 인생 전체를 결정하기도 합니다. 꽃이 피고 지고 다시 피는 그 선순환의 때에 어느 순간 꽃을 피우지 못하고 감추어진 시간을 보내는 이들도 많습니다.

청년이 꽃을 피우지 못한 이유는 '나'라는 자기중심적 태도 때문이라는 생각이 들었습니다. 청년은 돈이 많았습니다. 꽃잎을 붙잡고 있는 것은 돈의 무게였던 것 같아요. 나를 지킨다고 여기는 돈과 권력에 따른 내적 평안함은 우리가 아는 신앙의 가치와는 맞지 않는 것으로 보입니다. 세상에서 가져야 한다고 주장하는 것들은 꽃이 피지 못하게 잡아당기는 역할을 한 것으로 보입니다.

마지막 순간에 꽃을 피우지 못하게 하는 청년의 돈과 견주어 보니 많은 게 보입니다. 누구에게 인정받기 위해서 일하는 이가 있습니다. 인정 없으면 좌절하고 힘들어하고 타자와 끊임없이 비교합니다. 학벌이 돈인 경우가 있습니다. 자기 학벌 때문에 죽을 때까지 콤플렉스로 남아서 꽃 피우는 일을 못합니다. 자기주장에 갇혀 타자를 이해하지 못하고 존중하지 않는 이도 있습니다. 그 주장과 이기심이 청년의 돈이 되는 것 같습니다.

꽃을 피우는 마지막 선택의 순간이 누구에게나 옵니다. 그 순간이 나를 발목 잡는 청년의 돈과 같은 것을 넘어설 방법은 무얼까? 반복해서 시도해 보는 노력은 아닐까요? 그 순간 결단하지 못하고 꽃을 피우지 못하더라도, 삶의 이유나 가치를 조금씩 깨닫고 다시 내려놓을 수 있는 '힘' 말입니다.

살다가 한 번에 꽃을 피우는 일은 불가능에 가깝다는 것을 알았습니다. 저는 율법을 모두 지킨 부자 청년이 다시 돈을 나누려는 노력을 했을 거라고 여깁니다. 처음부터 재산을 모두 팔아 가난한 이들과 나누지는 못해도 기도하며 고민하다가 조금씩 나누어 주고 결국에는 그분의 뒤를 따라 갔을 것이라고 상상합니다.

꽃을 피우는 그 순간이 너무나도 중요하지만, 그 꽃을 피우기까지 치열하게 생명을 살리며 견뎌왔던 뿌리와 줄기, 잎을 통해 나온 꽃의 모습은 흡사 우리네 인생과 같습니다.

마지막 꽃잎이 피려고 하는 그 순간, 신도 숨죽여 기다릴 것만 같은 그 순간이 있기까지 작디작은 씨앗 하나가 숨겨진 때를 기억합니다. 이후 비바람과 번개, 환경오염까지 견디며 만들어진 과정에서 오는 그 마지막 꽃잎. 우리는 그 순간에 집중하기 마련이지만, 꽃이 만개하려면 결국 지금, 이 순간에 비바람을 견디는 힘이 있어야 하고, 벌레와 잡초와 싸워야 하고 적절한 비료도 넣어 주어야 합니다.

들꽃이 피고 집니다. 다시 핍니다. 다시 집니다. 그 마지막 꽃잎이 피는 때를 어떤 이는 자립식에 비유합니다. 또 어떤 이는 자립 후에 대학 입학으로 설명하고 어떤 이는 취업과 결혼이라고 이야기 합니다. 모두가 맞는 말입니다.

10여년 간 우리 안에 미션을 붙잡고 〈청소년활동3.0〉이라는 비전의 꽃을 피우기 위해서 여기까지 달려 왔습니다. 숨죽여 청소년이라는 마지막 꽃잎을 피우기 위해서 뿌리를 건강하게 하기 위해서 최선을 다했습니다. 줄기와 주변 토양을 돌보았습니다. 그 10년 간에 마지막 책이 나왔습니다. 들꽃이 환하게 피어나는 그 절정의 순간입니다.

저는 마지막 꽃잎이 열리는 그 순간이 지금이라고 여깁니다. 그 순간이 계속해서 반복되며 현장에서 살아 움직이는 활동이 저희가 생명을 가꾸며 나누는 일입니다. 이 책이 그 증거입니다.

  2024년 또 한해가 갔습니다. 그렇게 10년의 비전을 이루었고, 또 다른 비전을 향한 항해를 시작했습니다. 우리 모두 들꽃청소년세상이라는 커다란 배를 타고 또 다른 비전을 향해 나아갑니다. 그렇게 또 다른 시작이 시작되었습니다.

청소년 시민성 향상
평화는 내가 만드는 것

더 나은 미래와 변화를 위한 앳된 목소리

김재성

　(사)들꽃청소년세상 경기지부에는 각양각색의 청소년 7명이 모여 만든 특별한 모임 '경기들꽃청소년운영회의'가 있습니다. '경기들꽃청소년운영회의'는 경기지부의 청소년자치기구로써 청소년의 권익 보호와 리더쉽 향상, 청소년이 행복한 지역사회를 만들어가기 위해 매년 운영되고 있는 들꽃의 대표 조직이며, 저는 올 한 해 '경기들꽃청소년운영회의'의 서포터즈로서 아이들과 함께 보고 활동하였던 다양한 에피소드 중 하나인 '청소년예산제안대회'에 대한 이야기를 짧게 풀어보고자 합니다.

　슬슬 더위가 올라오던 5월경, '경기들꽃청소년운영회의(=이하 청운회)' 서포터즈 회의 공지사항으로 조만간 '청소년예산제안대회'가 개최될 것이라는 소식이 저를 찾아왔습니다. 매년 '청소년의 주체적 참여를 보장함으로써 사회구성원으로서의 역할이 있음을 알고, 자치 참여의 기회를 제공하여 능동적인 시민으로서의 성장을 도모한다'라는 목적을 기반으로 안산시 관내 청소년들에게 주도적인 사회참여를 장려하고 있었기에, 우리 서포터즈 또한 대회 참여를 장려하며 '청운회' 구성원의 지역사회 주체의식 함양과 사회참여 역량을 도모하고 있던 것이었습니다.

 '청소년예산제안대회'의 공지사항을 접했을 때 큰 기대가 되었습니다. 우선 청운회 위원들과 무언가를 더 할 것이라는 설렘에 좋았고, 우리 청운회 위원들로부터 제안된 아이디어가 안산시 예산과 정책에 반영되고 실행된다는 것은 서포터즈로서 너무 벅차오르는 일이었기 때문입니다. 그러나 저의 이러한 기대와는 달리 청운회 위원들의 당시 반응은 썩 좋지 않았습니다. 청운회 위원들까지 모두 모이는 정기회의에서 '청소년제안대회'에 대해 공지하자, 위원들의 표정은 웃고 있었지만 한 편으로 부담감을 느끼고 있는 것 같이 보였습니다. 이에 이유를 물으니 평일에는 학교와 학원을 다니며, 주말에는 문화예술로 활동, 청운회 워크숍, 도보사업 청운회 활동 준비로 바쁜 나날들을 보내고 있었고, 마지막으로 예산과 정책에 대한 부분이 다소 부담스럽고 어려운 내용으로 다가왔기 때문이라고 답하였습니다.

 청운회 위원들의 말에 반박할 수 없었습니다. 맞는 말이었기 때문입니다. 그러나 1년에 1번 있는 이 기회를 포기할 수 없었습니다. 청소년이 지역사회 주체로서의 생각을 하고, 사회참여를 위한 적극적인 목소리를 낼 수 있도록 보조하고 이끄는 것이 서포터즈로서, 나아가 그동안 꿈꿔왔던 사회복지사로서 큰 도전감과 책임감을 안겨주었기 때문입니다. 이에 우리 서포터즈는 청운회 위원들의 바쁜 일정으로 인한 불편함에 공감과 위로를 아끼지 않았고, 함께 더욱 힘써주기로 격려하였습니다. 그리고 정책과 예산에 대한 부분은 '우리 동네에 살면서 불편한 점', '우리 동네를 위해 있으면 좋겠는 것' 등 어렵지 않고 편한 워딩으로 치환하여 부담을 덜어내자, 청운회 위원들의 표정은 어느새 밝게 변하기 시작하였습니다.

그 이후 서포터즈와 청운회 위원들은 책임감을 갖고 정말 많은 노력을 하였습니다. 주말이면 본인이 생활하고 있는 그룹홈 별로 회의를 진행하여 실질적인 청소년의 욕구를 조사하였고, 당시 거의 격주로 진행된 정기회의에서 조사한 결과를 수차례 조율하고 취합하였습니다. 지금 생각해보면 때때로 서포터즈보다 열정적인 모습에 웃음이 새어나오나, 너무나도 노력해주고 대견한 모습에 고맙다는 생각이 다시금 들기도 하였습니다. 이후 청운회는 한 번 제안을 뒤엎기도 하고, 갖갖의 시행착오를 겪기도 하였지만 결국 수많은 논의와 회의를 거치며 청소년의 욕구에 기반한 제안을 구체화하는데 성공하였습니다. 당시 제안은 청소년들이 안전하고 마음 놓고 즐길 수 있는 자유공간을 만드는 것이었고, 이후 구체적인 예산 설정 및 발표 자료 준비를 위해 놀거리, 볼거리 등을 채워 넣는 우리 청운회 위원들의 모습은 처음과 달리 너무 즐거운 모습을 하고 있었습니다.

마지막으로 발표 당일, 발표대회 장소의 북적북적한 분위기와 웅장한 무대는 저까지 압도되는 분위기였습니다. 발표자도 긴장한 기색이 역력하였기에 우리 '이○우(발표자)가 잘할 수 있을까' 크게 걱정하였습니다. 그러나 그런 걱정이 무색하리만큼 발표를 성공적으로 마무리하였고, 그동안 우리 청운회와 서포터즈의 노력이 생각나 벅차올랐습니다. 그리고 '이○우(발표자)가 잘할 수 있을까'라는 생각은 '나도 저 나이 때 저만큼이나 할 수 있었을까'라는 생각으로 바뀌며 나를 돌아보게 하였고, 발표를 마치고 나온 이○우(발표자)는 어른스럽게 발표하였던 금방과는 달리 여느 중학생처럼 투정을 부리고 귀여운 모습으로 변하여 참 신기하다는 생각도 들었던 것 같습니다. 이후 한 달쯤 뒤 결과가 발표되었고, 우리 청운회는 당당히 '우수상'을 수상하였습니다.

저는 이번 경험을 통해 실무자로서 한층 성장할 수 있었고, 우리 청운회 위원들이 지역사회의 건강한 시민으로서 한층 성장했다고 굳게 믿고 있습니다. 그리고 여기에 그치지 않고, 이번 경험을 통해 얻은 자신감과 성취감을 바탕으로 더 많은 청소년이 각자의 목소리를 내고, 사회에 참여할 수 있도록 기회를 만들고 싶다는 생각이 들었습니다. 이제 2024년 한 해가 얼마 남지 않았습니다. 청운회 서포터즈라는 중요한 역할이 저에게 주어진 만큼, 마지막까지 청소년이 동등한 권리와 책임을 지고 살아갈 수 있도록 노력하도록 하겠습니다.

재미

김민철

　(사)들꽃청소년세상(이하 '들꽃')에는 '들꽃청소년운영회의'(이하 '청운회')라는 청소년 조직이 존재한다. 나는 경기지부 안산의 한신예수가정에 소속된 실무자로서 아모텍진달래가정의 종사자들과 공동으로 '경기들꽃청소년운영회의'라는 명칭의 청소년 조직을 이끌게 됐다.

　경기 안산의 청운회는 경기지부 7개소 공동생활가정(이하 '그룹홈')에서 생활하는 청소년 중 각 그룹홈을 대표하는 청소년을 1명씩 선발, 총 7명의 청소년이 모인 청소년 조직으로서 참여 구성원의 합의와 의사결정에 의한 활동이 이뤄진다.

　이미 다년간 활동이 이뤄진 청운회는 매년 각자 소속된 그룹홈에서 누군가는 대표로서 활동해야만 하는 전통이자 의무(?)로 각인됐고, 들꽃 그룹홈 청소년이라면 누구나 자립 전 한 번쯤은 거쳐 가야 할 관문(?)으로 자리 잡았다.

　청운회는 그룹홈 청소년의 욕구와 의사를 반영하여 실질적인 참여기회를 보장하고 확대하기 위해 들꽃에서 진행하는 대부분 사업에 관여한다.("아동은 자신에게 영향을 미치는 모든 문제에 대해 자신의 의견을 말할 권리가 있다." / UN아동권리협약(1989년) 제12조 제1항)

그래서 월 1회 이상의 정기 회의 추진은 기본이며 그 밖에 지역사회 참여, 각종 이벤트 및 축제 실행, 자기개발 등 한 해 동안 다양한 활동이 이뤄진다.

올해 청운회를 견인하는 서포터즈 중 한 명으로서 내 다짐과 목표는 청소년들과 활동을 하며 되도록 유의미한 성과를 많이 내자는 것이었다. 그리고 24년 청운회는 눈에 띌 만한 성과들이 많았다.

1) 바자회(들꽃마켓) 개최: 816,400원 기금 마련
2) 아름다운재단 공모사업: 나눔교육×유스펀치 워크숍 1박 2일 추진 (외부공모사업 선정)
3) 24년 안산시&안산시청소년재단 '안산시청소년예산정책제안대회' 우수상 수상(전체 3위)
4) 들꽃의 스물다섯 번째, 힘찬 발걸음 「오늘 걷고, 내일 달리기」 中 청소년 활동 추진
5) 이벤트 [요리킹×버스킹] 개최(요리 경연대회 개최 및 공연)
6) 24년 문화예술로 사업 참여(자작곡 및 뮤직비디오 제작)

하지만 24년 막바지에 다른 지금, 한 해 동안의 활동을 복기해보니 어른의 욕심으로 인해 청운회 친구들의 한 해가 고달프지는 않았는지 스스로 반성해본다.

가장 눈에 띌만한 성과는 24년 안산시&안산시청소년재단 '안산시청소년예산정책제안대회' 우수상 수상(전체 3위)이었다. 이 대회는 안산에서 매년 개최되는 대회로서 앞선 청운회 기수들은 항상 장려상 수상에 그쳤고, 내 목표는 장려상 이상의 수상이었다. 그리하여 2-3개월의 기간 동안 청운회 친구들은 교육과 잦은 회의로 인해 거의 매주 개인의 여가를 위한 주말을 반납하고 청운회 활동에 매진해야만 했다.

안산시의 예산편성 과정에 청소년의 주제적 참여를 보장하여 사회구성원으로서의 역할이 있음을 알고 자치 참여의 기회를 제공한다는 어른들의 그럴듯한 포장이 청운회 친구들에게 얼마나 큰 공감을 얻었을까? 15~18살 그 시절의 나는 무엇을 했는가? 청소년 정책은 무슨? 친구들과 몰려다니고 주말에는 오롯이 내 시간을 가질 수 있는 것, 노는 것이 제일 좋았을 터, 그래서 안산시청소년정책예산제안대회는 청운회 활동 간 동기부여에 가장 많은 시간을 기울였고 청소년들에게는 가장 재미없는 시간이었으리라.

> **"청소년대표로써 책임감 지니고
> 모두가 살기 좋은 지역사회를 만들어가기 위해 주도적으로
> 나서야 한다."**

어려운 정책 고안에 좌절하고 힘겨워하는 청소년들에게 가장 많이 했던 말이다. 항상 책임감을 운운하며 우리가 모인 것은 단순히 즐거움만을 위한 시간은 아니노라, 유의미한 일에 앞장서서 나서는 것도 우리의 역할이자 대표로서 의무이고 배움의 시간임을, 과연 청운회 청소년들에게 얼마나 그 의미가 전달됐을지 궁금하다.

개인적으로도 가장 고역인 나날들이었다. 나 또한 재미가 없는데 청소년들에게서 즐거움을 찾을 수 있었겠는가? 정책 선정 또한 녹록지 않았다. 지나고 보니 이 또한 성찰할 대목이다.

청소년들은 각자의 그룹홈 구성원들과 회의를 통해 나름 주제와 대안을 마련해왔다. 그러나 이를 종합해보니 이미 기존에 실행되고 있는 정책이자 실효성과 실행 가능성이 낮은 대안들이었다. 그렇다 보니 실제 대회에 제안하기에는 경쟁력이 없다고 판단, 기존에 어느 정도 진전된 사안들을 아예 뒤집어엎어 새로운 정책을 고안하기로 했다. 아니 하기로 한 게 아니라 합의라는 명목하에 이렇게 하면 안 된다고 반강제로 마음을 바꾸게 했다.

이후 우린 대회 출전 약 3주 전에 정책을 변경했고 고백하자면 내 주도하에 정책을 결정했다.

"청소년 자유공간 형성 프로젝트 [청정놀이터 무지개]"

우리가 살아가는 고장 안산시 와동에 청소년 자유공간이 부재하기 때문에 와동에도 청소년 공간을 조성하자는 제안이었다. 위 정책을 선정하고 자료 제작 등 대회 준비에서 청운회 청소년들의 역할은 사업명을 짓고 청소년 자유공간에 어떤 콘텐츠가 있으면 좋겠는지? 정도의 의견 개진이 전부였다. 실제로는 이를 서포터 하는 교사들이 PPT와 대회 신청서를 작성하는 등 대부분의 역할을 수행했다. 대회 출전 막바지에는 오롯이 청운회 서포터즈인 교사들이 도맡았다. 자료 작성에 몇 날 며칠을 보냈고 대회 당일 프레젠테이션을 하는 청소년을 따로 불러 합숙 훈련을 시키는 등 열을 올렸다. 그렇게 준비한 대회의 결과는 우수상(3위) 수상, 앞선 대회 출전에서 만년 장려상을 수상에 비해 한 계단 상승한 성과였다.

  대회 이후 청운회 청소년들이 꽃다발과 표창장을 받으며 웃음 짓는 표정과 이후 회식에서 아이들의 이야기를 들어보노라면 우리가 수상을 받았다는 기쁨보다는 이제 대회가 끝이 났구나. 라는 안도가 주였다. 아마 몇몇 청소년들은 우리가 어떤 정책을 제안했고 그 안에 내용은 어떤 것인지 대부분 모를 것이다. 왜냐하면 청운회가 함께 만들어 간 것은 맞지만, 그 저변에는 서포터즈 교사들의 의중이 대부분이었기 때문이다. 그래서 나도 사실은 이 대회와 성과가 크게 다가오거나 기쁘지 않았다. 그저 "큰 산을 넘었네" 정도의 홀가분함이었다.

  대회를 마치고 나서 청운회 청소년들에게는 또 다른 시련(?)이 다가왔다. 올해 청운회 활동은 자치기구 활동과는 별개로 청소년 대표들의 자기개발을 위해 문화예술사업을 매칭, 한 해 청운회 활동을 노래와 연극으로 제작하는 숙제가 있었다. 예술 사업은 4월부터 시작됐으나 그 동안 들꽃마켓-1박 2일 워크숍-도보-안산시청소년정책예산제안대회 등 매달 연이은 사업으로 인해 여유가 없어 뒷전이 됐고, 모든 활동을 마무리한 시점에서 문화예술인 사업 또한 종료 기한이 도래하기 때문에 오롯이 매진해야 했다.

  "마라톤을 완주하는 방법은? 1,000m씩 40번만 뛰면 된다."

  서포터즈인 내가 청운회 청소년들에게 했던 말이다. 대회를 마친 뒤에는 여유가 있을 것이라는 내 약속과는 다르게 예술인과의 만남은 대회를 준비했던 기간 이상으로 많은 모임이 요구됐고 대회를 마치고 피로가 가시기도 전에 청운회 청소년들은 10월 예정된 공연을 위해 또 스퍼트를 올렸다. 당연히 불만은 고조됐고 이를 잠식시키기 위해 청운회라는 마라톤을 완주하기 위해 그냥 묵묵히 달리다 보면 어느새 끝에 다다를 것이라고, 이제 절반이나 달렸으니 달려온 만큼 또 달리면 끝날 것이라고, 이제 다 왔으니 우리 조금만 더 버텨보자고 애원(?)했다. 24년 한해 청운회가 얼마나 모임을 가졌었는지 세어봤는데 세어지지 않았다. 공식·비공식 모임을 합산해보면 약 30~40회로 추산된다.

연간으로 따지면 청운회 활동을 시작한 이후 청소년들과 서포터즈들에게 주말이 거의 없었다고 봐도 무방했다. 정말 마라톤을 한 셈이었다.

예술가들의 작업실인 서울을 오가고 공연 발표회 전날과 당일 아침에도 연습을 하는 준비 끝에 10월 초, 경기 안산 센터에서 [요리킹×버스킹] 이벤트가 개최됐다.

그룹홈 7개소의 요리 경연대회에 이어 청운회 친구들은 한 해 동안 청운회 활동의 이야기를 직접 작사·작곡한 노래를 합창과 연극으로 선사하였다.

노래의 제목은 'we are'
한 해 청운회 활동을 하며 함께한 청소년과 서포터즈 "우리",
나아가 그룹홈 가족 "우리",
그리고 들꽃 "우리"

너, 나, "우리"를 생각하며 만들어 낸 노래 'we are'는 참 정겹고 푸근했다. 생각보다 노래가 듣기 좋았다. 아마 "우리"를 향한 노래이기 때문에 더욱 듣기 좋았으리라.

서툴렀지만 중간중간 대사를 읊으며 연기를 하는 청운회 청소년들이 사랑스러웠다. 그간 밤낮으로 연습했을 노력과 열정, 고생을 누구보다 잘 알고 있었기에 오늘 그 결과를 "우리"에게 선사하는 청소년들의 모습이 대견하다 못해 눈물겨웠다. 공연을 마치고 청소년들에게 질문이 이어졌다.

"공연 프로젝트를 준비하면서 가장 위기의 순간과 가장 행복했던 최고의 순간은?"

"공연을 준비하는 매 순간순간이 위기였어요. 그래도 오늘 이 자리에 다 같이 모일 수 있어서 행복해요. 최고였어요."

그중 예상치 못한 답변,

"청운회를 하는 매 순간순간이 최고였어요."

나중에 물어보니 어떤 성과를 위해 연습하고 준비하는 것은 재미도 없고 힘들었는데, 그래도 그런 매개로 우리가 모여서 어울리는 것 자체는 너무 즐겁고 소중했다고 한다. 청운회 청소년들에게는 결과보다는 "우리"가 함께할 수 있다는 과정에서 느끼는 재미가 더 크게 다가갔던 것이다.

24년 청운회는 이제 두 달이 채 남지 않았다. 청운회는 이제 2번의 정기 회의와 11월 30주년 기념식과 자립식의 축하공연, 12월 종무식(1박 2일 캠프)을 끝으로 활동을 종료한다. 들꽃에 입사한 이래 처음 청운회를 맡아 한 해를 달려왔다. 완주를 위한 내 원동력은 눈에 드러날 만한 뚜렷한 성과를 많이 만들어 내자는 전형적인 실무자 마인드의 포부이자 욕심이었다. 하지만 청운회 청소년들과의 여정으로 인해 내

발상은 전환됐다.

　내게 올 한해 청운회 성과를 꼽으라면 여러 행사를 치러낸 것이나 수상을 받은, 소위 눈에 드러나는 결과가 아닌, 청운회 청소년들이 우리와의 여정에서 재미를 느꼈다는 점, 그리고 내년에는 더 재미있는 활동이 즐비한 "과정 중심의 청운회", 경기지부 그룹홈 청소년이라면 누구나 하고 참여하고 싶은 청운회를 만들어야겠다는 "깨달음"이 바로 그것이다.

　끝으로 24년을 함께한 청운회 청소년 7명과 아모텍진달래가정, 한신예수가정의 교사들에게 미안하고 감사하다는 말을 전한다.

돌봄

이지혜

   돌봄, 사전적 의미로는 건강 여부를 막론하고 건강한 생활을 유지하거나 증진하고, 건강의 회복을 돕는 행위. 라고 한다. 그 단어는 우리 삶에서 아주 특별한 의미를 지닌다. 우리는 태어날 때부터, 누군가의 보살핌을 받으며 자란다. 부모의 사랑, 가족의 지지, 친구의 응원은 우리를 성장시키는 중요한 요소들이다. 그러나 돌봄은 단순히 누군가를 물리적으로 보살피는 것만이 아니다. 그것은 감정적으로도, 정신적으로도 서로를 지지하고 이해하는 과정이다. 돌봄이란, 우리가 서로에게 필요한 존재라는 것을 깨닫게 해준다. 누군가의 아픔을 나의 아픔으로 느끼고, 기쁨을 함께 나누는 것. 그것이 바로 진정한 돌봄의 본질이다. 이 세상에는 다양한 형태의 돌봄이 존재한다. 부모가 자녀를 돌보는 것, 친구의 힘든 날을 함께하는 것, 이웃이 서로를 챙기는 것. 모두가 서로의 삶에 긍정적인 영향을 주는 소중한 관계들이다.
   그러나 현대 사회는 때때로 이러한 돌봄의 중요성을 잊게 만든다. 바

쁜 일상에서 우리는 종종 서로에게 소홀해지기 때문이다. 하지만 그럴수록 우리는 더욱더 돌봄의 가치를 되새겨야 한다. 작은 일이라도 누군가를 배려하고, 그들의 마음을 이해하는 것이 중요하다. 이러한 작은 행동들이 모여 큰 변화를 만들어낼 수 있다.

나 역시 일상에서 누군가를 돌보는 것이 얼마나 소중한 일인지 깨닫게 되는 일은 아이들과 함께 생활하고 살아가고 있기 때문이다. 그들의 웃음과 때로는 말을 하지 않아도 서로를 알고 있는 듯한 눈빛에서 큰 행복을 느낀다. 그 아이들이 나에게 필요한 존재라는 것을 깨달았고, 그들과의 소통이 나에게도 큰 힘이 되었음을 알게 되었다. 돌봄은 단순히 주는 것이 아니라, 서로가 서로에게 필요한 존재라는 것을 확인하는 과정이기도 하다.

우리가 살아가는 이 세상에서, 돌봄은 더 이상 선택이 아닌 필수다. 서로의 아픔을 나누고, 기쁨을 함께 나누는 것이야말로 우리가 더 나은 사회를 만들어가는 길이다. 돌봄은 단순히 누군가를 보살피는 것이 아니라, 서로가 서로에게 힘이 되어주는 것임을 잊지 말아야 한다.

결국, 돌봄은 우리가 서로를 연결하는 다리와도 같다. 그 다리를 통해 우리는 더 따뜻하고, 더 깊이 있는 관계를 맺을 수 있다. 돌봄이 필요한 순간이 있다면, 망설이지 말고 손을 내밀자. 그리고 누군가의 손길이 필요할 때는, 그 손길을 받아들이는 용기를 가지자. 그렇게, 우리는 서로를 지지하며 더 나은 삶을 살아갈 수 있을 것이다.

지혜로운 돌봄은 이해와 공감, 적절한 경계 설정, 지속적인 학습, 상호작용의 질을 아우르는 포괄적인 개념이다. 우리가 서로를 돌보는 방식이 지혜롭고 성숙할수록, 더 나은 관계를 형성하고, 서로의 삶에 긍정적인 영향을 줄 수 있을 것이다. 지혜로운 돌봄은 단순히 누군가를 지켜보는 것이 아니라, 그들의 삶에 진정으로 기여하고, 함께 성장하는 여정임을 잊지 말아야 한다. 이 글을 통해 돌봄의 의미를 다시 한번 되새기고, 우리의 일상에서 작은 배려와 사랑을 실천 해보자는 메시지를 전하고 싶다. 그렇게 서로를 돌보고, 함께 성장하는 사회를 만들어가길 바라며, 돌봄의 소중함을 느껴본다.

아이들을 돌보면서 경험한 욕구 중에 흔한 것은 충동성인 것 같다. 예를 들어, 스트레스나 불안감이 커질 때, 이들은 순간적인 욕구를 충족하기 위해 음식을 과다 섭취하거나, 가지고 있는 돈에 비례한다면 꼭 구입하지 않아도 될 것들이나 비싼 물건을 충동적으로 구매하는 경우가 많다. 이러한 행동은 일시적인 만족을 줄 수 있지만, 결국에는 후회와 자책으로 이어지곤 한다. 충동성은 어른, 아이 할 것 없이 누구에게나 작든 크든 가지고 있는 욕구라고 생각한다. 지속적인 교육은 아이들이 충동적으로 소비하는 습관을 줄이고, 장기적인 목표를 세우는 데 도움을 줄 수 있다. 교육은 경제, 주거, 심리적 안정 등 다양한 영역에서 이루어져야 하며, 이를 통해 아이들은 자신감을 얻고, 자립에 대한 불안감을 줄일 수 있다.

아이들의 충동성과 자립은 서로 밀접한 관계가 있다. 충동성을 이해하고 관리하는 것은 이들이 건강하게 자립할 수 있는 기반이 된다. 우리는 이들을 지원하고, 그들이 자신의 삶을 주도할 수 있도록 도와야 한다. 그렇게 함으로써, 아이들이 살아가는 미래가 조금이라도 흔들림 없는 안정적인 방향으로 가지 않을까 싶은 생각이다.

　아이들의 상처는 제거로 없애는 것이 아닌 더 좋은 경험을 만들어서 옛 상처가 더는 지금의 삶을 지배하지 못하게 하는 것이라 배웠다. 그룹홈에서 좋은 경험을 쌓아갈 수 있도록 함께하며 아이들이 자신의 결핍을 인정하여 자신, 스스로 돌볼 수 있는 한 사람이 되었으면 하고 바라본다.

　마지막으로, 처음에는 단순한 아이디어가 종이 위에 펼쳐지면서 점차 구체화 되고, 나의 목소리가 담기게 된다. 글을 쓰는 동안 느끼는 몰입감은 마치 다른 세계에 들어가는 것과 같다. 그런데 참 이 과정은 어렵다. 내 머릿속에 있는 생각과 이야기를 써내려 가는 것인데 나에겐 굉장히 힘든 일이다. 그러나 또 하나의 경험을 만들고 성장하는 기분이라 보람이 있다. 돌봄 안에 아이들과 함께 성장하는 시간에 있다.

첫 번째 일

김은비

　그룹홈의 입소 청소년들과 긴 시간을 함께 생활하며, 입소 청소년을 포함 보호연장 청소년, 자립하며 자신의 삶을 꾸리고 사는 자립 청년들이 사회 곳곳에서 차별적 상황에 놓여있는 모습을 보며 차별적 시선과 편견에 끊임없이 노출되어 있다는 것을 몸소 느낄 수 있었던 한 해였다.
　올해 여러 책을 읽으며, 가장 오랜 시간 반복해서 다시 봤던 책의 내용 중에서 그 모멸적 시선이 특별한 사건이 아니라 상시적인 삶의 환경이었던 이들은 그것을 차별이라고 부르지 못하고 있다는 문장이 머릿속에서 잘 지워지지 않았다. 그 문장에서 우리 청소년들의 모습이 보였기 때문이다. 청소년들은 그룹홈에 살아가면서 많은 정책과 지원 속에서 살아가고 있지만, 그 정책과 지원의 과정에서 자신의 가난을 인증해야만 한다. 그룹홈 청소년들의 특별하지 않은 일상 중 하나이다.
　그냥 평범한, 늘 있는 날의 연속적인 하루였다. 방학 중 심심한 일상 중 여행을 계획하면서 교통수단을 알아보는 중이었다. 비용을 절약할 수 있다면 좋겠지만 그게 당연한 것은 아니었다. 부산에 가는 KTX 교통편을 알아보던 중 기초생활보장수급자로 확인되면 좀 더 절약해서 갈 수 있다는 말이었다. 웃으며 넘기려다 불현듯 누가 망치를 때리는 듯 정신이 차려졌다. 이런 상황이 한두 번이 아니라는 것이 떠올랐기 때문이었고, 그때마다 청소년들이 자신의 가난을 인증하는 것을 당연하게 여기고 있었다.

다시 반복되는 하루에서는 외국 국적의 난민 자격을 가진 청소년을 만나게 되면서, 그 청소년과 생활하게 되며 우리 청소년들이 경쟁하는 무대 자체가 다르다는 것을 매번, 매 순간 느껴왔었는데 현실은 그것보다 더 녹록지 않다는 것을 알았다. 매년 지급되는 교육 급여, 신청하면 받을 수 있는 생활 장학금 등 그 외의 많은 정책과 지원에서도 청소년이 난민이라는 이유로 배제되고, 소외당하는 다수의 경우를 느꼈다. 귀찮은 듯이 대답하는 사업의 담당자, 당연하게 대상자가 아니라고 말하는 사람, 가정의 다른 청소년들이 간단한 서류만 있으면 되는 것도 여러 절차를 거치고, 추천을 받아야 했다. 그룹홈의 청소년들이 다른 사람들과 출발선이 같다고 생각하지는 않았다. 모두 뒤에 있다고 생각했는데 이 뒤에서도 더 뒤가 있다. 차별을 당하는 청소년은 처음에는 억울해하고 슬퍼했지만 이내 얼마 안 있어 자신은 대상자가 아니라는 것을 당연시하기 시작했다.

이러한 연속적인 차별적 상황에서 제일 화가 나고 슬펐던 날은 가정의 청소년들의 안전하고, 쾌적한 환경을 위해 거주지 이전을 위해 노력했던 기간 끊임없이 들었던, 외국 국적의 청소년이 있다는 이유만으로 오지 않았으면 한다거나, 시설이라는 이유만으로 계약하고 싶지 않다고 했던 차별적인 말과 시선들에 당사자가 아님에도 상처받았었다. 하지만 제일 화가 났던 순간은 여러 상황을 고려하여 요구조건을 말하거나, 거절하였을 때 시설인데 그런 것까지 따지느냐는 듯한 대답이었다. 자신이 차별적인 발언과 행동을 하고 있다는 것을 전혀 느끼지 못하는, 아무렇지도 않은 표정으로 당당하게 말하는 차별이었다. 그 차별에 아무 대답도, 대응도 하지 못한 그 순간의 나 자신의 모습에 무력감을 느꼈다.

함께 긴 시간을 생활하면서 내가 청소년들을 잘 이해하고, 여러 방면으로 잘 살아갈 수 있는 환경을 만들어주고 있다고 자만하지는 않았나, 차별적인 언행, 편견의 시선으로 바라보지는 않았나 다시 한번 생각해 보며 반성하는 계기가 되었다.

그룹홈은 청소년들의 일생에서 한정적인 시간을 보내는 공간이다. 청소년들은 그룹홈에 있었던 시간보다 사회에서 혼자 살아가는 시간이 더 길다. 이 한정적인 공간에서도 차별과 편견의 시선에서 벗어나지 못하는데 보호자 없이 혼자가 되었을 때 청소년들이 받는 차별과 편견의 정도가 가늠되지 않는다. 차별받는 것이 당연하지 않은 세상에 살아갈 수는 없는 것일까. 청소년들은 처음에는 분노하고, 싫어하고, 슬퍼했지만 그 상황들에 너무 매몰되어 어느새 차별을 당연하게 받아들이고는 했다.

위와 같은 상황을 겪으며 나라가 사회적 약자를 배려하고, 의식주를 지원한다고 말하며 여러 정책과 방안을 만들고 있는 모습을 다시 한번 생각해 볼 수 있었다. 청소년들이 살아가기 위해 의식주 지원은 꼭 필요하다. 그 지원을 위해 소득을 확인하고, 인증하는 것이 잘못되었다는 것이 아니다. 하지만 의식주를 지원받는다고 해서 청소년의 삶이 행복해지지 않는다. 살아가는데 필수 요인일 뿐이다.

때로는 어떤 사람들은 나라에서 그것 이상 더 어떻게 해줘야 하느냐고 묻는 사람들이 있다. 그 이상은 본인의 역량으로 이뤄야 한다고 말한다. 하지만 그 역량을 배우고 향상할 기회와 펼칠 수 있는 환경 자체가 조성되어 있지 않다.

이러한 사회 속에서 내가, 우리가 청소년들과 함께 노력해야 하는 일은 사회에서 차별과 편견 속에 매몰되지 않고 배척, 소외당하지 않는, 그것이 당연하지 않은 환경을 주도적으로 조성하고 개선해야 한다. 이러한 환경 조성을 위해서는 부정적인 이미지를 탈피하고 긍정적인 이미지로 변화시키며, 차별과 편견을 개선하는 사업과 정책을 만들고, 시민의 한 사람으로서 좀 더 사회에 섞이고 융화되는 방법을 찾아보고, 배워야 한다. 위와 같은 노력이 청소년들을 사회에서 한 사람의 시민으로서 자신의 역할이 무엇인지 알고, 지속적인 관계를 구축하며, 자신의 권리와 책임을 가지며, 차별받는 것이 당연하지 않은 삶, 부정적 편견에 노출되지 않는 삶, 행복하고 평화로운 삶을 살아가기 위해 할 수 있는 첫 번째 일이다.

빈부격차가 아닌 빈부격파

박성배

　들꽃청소년세상 경기지부는 청소년을 대상으로 하는 공동생활가정(그룹홈)을 운영합니다. 이름만 들었을 때 청소년 쉼터나 보육원으로 오해하기 쉽지만, 청소년 쉼터나 보육원보다 조금 더 청소년 친화적인 공동생활 시스템이 구축돼 있습니다. 입소한 청소년에게 정서적인 안정과 교육 환경을 제공하는 것을 목표로 활동하고 있습니다. 공동생활가정에 머무는 청소년은 교육과 문화 체험 등 다양한 활동을 경험합니다. 시설장 및 사회복지사 4인이 청소년 5명~7명을 지도하고, 규칙적인 공동체 생활을 하며 가족과 같은 관계를 맺고 있습니다. "청소년들이 행복하면 세상이 밝아진다."는 우리 들꽃청소년세상의 슬로건입니다. 돌봄이 필요한 청소년을 보호하고 지원해 그들이 스스로 주체성을 확립하고 인권을 신장할 수 있도록 돕고 있습니다.
　과거에 저는 사회복지이용시설에 근무했던 경험이 있습니다. 재취업을 고민하던 때 들꽃청소년세상 경기지부을 만나 생활교사 업무를 하게 되었습니다. 처음 이곳에 입사했을 때 전 기관과는 다른 근무 환경에 적응하기 어려웠습니다. 2박 3일을 기준으로 교대 근무를 해야 하는 환경이 낯설었고, 성인이 아닌 청소년을 대상으로 지도해야 한다는 점 또한 유난히 어렵게 느껴졌습니다. 특히나 우리 그룹홈에는 원가정에서 학대받은 아이들이 대다수를 차지하여 자기를 혐오하고 학대를 하는 아이들을 만나는 게 몹시도 애통하고 가슴이 아팠습니다. 아이들이 일탈하는 모습을 보며 어른의 역할이 무엇인지 절실히 깨달았습니다. 아이들에게 진정으로 필요한 것은 '조건 없는 사랑'이란 진실을 마주하며, 아이들을 돌보던 어느 날 홀로 울컥했던 기억이 납니다. 아이들을 보호하고 가르친다고 생각했던 어리숙했던 제 인생 또한 한 뼘 성장했습니다.

빈과 부는 상대적이라고 생각합니다. 가난하다는 생각은 어쩌면 주어진 현실을 더욱 가난하게 만드는 시작점일지도 모릅니다. 들꽃청소년세상 경기지부에서 가장 경계하는 것은 정신의 가난입니다. 우리가 하려는 것은 아이들에게 고통스러운 현실과 가난을 대물림하려는 것이 아니기 때문입니다. 우리는 아이들의 건강한 성장을 위해서 다양한 프로그램을 기획하고 진행합니다. 할 수 있다는 믿음과 변화할 수 있다는 굳센 마음이 만나 아이들이 주체적으로 자신의 삶을 살아갈 수 있도록 돕습니다.

가난과 맞설 수 있는 것은 세상에 단 하나뿐인 나를 인정하는 자존감입니다. 자존감이란 자기 자신이 잘났다고 으스대는 것이 아닙니다. 진정한 자존감은 자기의 위치를 알고, 내가 실패해도 아무렇지 않게 털고 일어나 다시 시작할 수 있는 정신력을 의미합니다. '배부른 돼지보다 배고픈 소크라테스'가 낫다는 말이 있습니다. 요즘 시대에 비추어 보면 시대착오적인 말이 아닐 수 없습니다. 이곳에서 함께하는 청소년들이 '배부른 소크라테스'가 되길 원합니다.

그렇기에 우리는 주어진 가난을 감정적으로 바라보는 것보다 이성적으로 해결할 수 있는 자아 효능감을 가르칩니다. 눈앞의 가난을 회피하는 것이 아닌 자기의 문제의식을 발견하고 점차 개선해 나갈 수 있을 때, 아이에게는 빈부격차가 아닌, 빈과 부를 격파할 수 있는 강한 원동력이 생길 것이라고 믿습니다. 내가 지금 할 수 있는 가장 작은 일을 소중히 여기며 살아갈 수 있도록, 마음이 부자인 아이들을 만드는 것이 우리가 존재하는 이유입니다.

평화는 내가 만드는 것!

조은빛

2024년 상상캠프는 '평화에 닿다'라는 주제로 진행되었다. 활동이 모두 끝난 후 모든 청소년에게 '나에게 평화란?'이라는 질문을 던졌다. 청소년들은 "평화는 내가 꿈꾸는 것이며, 내 손으로 만들어가는 것이다.", "평화는 갈등이 없는 조화로운 상태이다.", "평화는 우리가 만드는 것이다."라는 등의 답변을 남겼다. 이번 캠프를 통해 청소년들은 평화를 우리가 스스로 만드는 것이라고 인지하고, 평화를 이루어 가겠다는 다짐을 하기도 했다.

상상캠프에서는 지역 현안 및 사회문제에 대해 이해하고, 이를 해결하기 위한 실천 활동을 기획 및 진행한다. 이전에는 세월호, 평화, 갈등 해결, 환경을 중심으로 한 인권 문제를 중심으로 상상캠프를 진행해왔다. 올해는 '평화'를 주제로 서울 및 철원에 방문했다. 이번 상상캠프는 2박 3일로 진행되었다. 1일 차에는 전태일 기념관에 방문해 노동 현장의 평화와 관련된 이야기, 2일 차에는 남북문제와 평화에 관련된 이야기, 3일 차에는 생태환경과 평화에 대한 이야기를 주로 나누었다.

첫 활동으로 서울 전태일기념관에 방문하여 노동권에 대해 고민해보고 전태일 열사의 분신터를 거쳐 노동인권 운동에 대해 알아가는 시간을 가졌다. 참여 청소년들은 전태일 기념관의 외벽의 전태일의 자필로 작성된 진정서와 노동개선 8개 요구 조항이 제일 인상 깊었다고 한다. 전태일 열사의 희생이 있었다는 것과 이전에는 노동자들을 사람 취급도 하지 않았다는 것, 그의 희생으로 노동권이 개선되었다는 것, 노동 근로계약서 등은 대단히 힘들게 만들어졌다는 것 등을 알게 되었다고 했다. 하지만 전태일 열사의 분신으로 많은 변화가 있었음에도 여전히 노동 현장에서 보호받지 못하는 사람들이 많다는 것을 인지하고, 그들을 위해 뭘 할 수 있을지도 고민했다. 익산 다꿈의 김민재 청소년은 배달기사 등 노동기준법에 포함되지 않는 분들을 보호하기 위한 노동법 조항이 추가되면 좋겠다고 제안하기도 했다. 이재윤 청소년은 현재 노동자들의 이야기에 귀를 기울이고자 했다. 제일평화시장이 잠정적으로 문을 닫고 있었는데, 상인들이 돈을 벌더라도 임대료가 올라가며 더 이상 자영업을 지속하기 어려워서 문을 닫게 되었다는 안내문을 보고 생각이 많아졌다며, 기자단 청소년들을 중심으로 노동환경이 열악한 노동자분들을 인터뷰해서 안내하면 좋겠다는 제안했다. 정예인 청소년은 진정한 변화가 개인의 희생에서 시작되었다며, 오늘날의 근로기준법 개정에는 많은 분의 피와 눈물이 담겨있음을 강조했다. 기자단에서는 전태일의 생애와 노동운동의 역사를 담은 기사를 보도하겠다고 제안했고, 달달베이커리 박세린, 전수빈 청소년은 전태일 생일 기념 캠페인으로 풀빵을 나누는 활동을 기획했다. 오로라 일러스트 자치기구 청소년들은 전태일 열사의 생애를 표현한 만화 일러스트를 그려서 SNS에 확산하겠다고 발표하기도 했다.

2일 차 활동으로는 철원에서 평화 강의와 DMZ 평화투어, 평화 골든벨, 팀별 토론 및 발표 활동이 진행되었다. 국경선 평화학교 탐방 후 정지석 교장선생님의 평화 강의 진행가 진행되었다. 정지석 교장선생님께서는 평화에 대해, 평화를 만드는 일에 대해 안내해 주시며, '우리는 모두 피스메이커, 평화를 만드는 사람들이 될 수 있다.'다는 메시지를 전해주셨다. 강의를 들은 후 정예인 청소년은 "싸우는 것과 이기는 것을 가르치는 우리 사회 속에서 참된 길은 반대"라고 말씀하신 내용이 제일 인상 깊었다고 나누기도 했다.

DMZ평화투어에서는 제2땅굴, 철원평화전망대, 월정역사를 방문했다. 현재 발견된 총 4개의 땅굴 중 철원에 위치한 제2땅굴을 방문했다. 제2땅굴은 북한 군인들이 남침하기 위해 판 땅굴이며, 갈등의 현장을 눈으로 볼 수 있는 공간이었다. 땅굴을 걷다 보면 군사분계선의 300M 앞까지 걸어갈 수 있었는데, 지금은 땅굴로 가지만, 나중에는 육지로 걸어가고 싶다는 마음을 나누기도 했다.

철원평화전망대에서는 한국전쟁 당시 전투가 벌어졌던 주요 접전지인 백마고지, 아이스크림고지, 김일성고지 등을 눈으로 볼 수 있었다. 청소년들은 백마고지가 치열한 접전으로 인해 산이 1M가 깎였다는 말을 듣고 놀라는 모습을 보이기도 했다. 북한 땅을 바라보며 각 산의 특징이나, 한국전쟁 당시의 이야기들을 들을 수 있는 시간이었다.

월정역사는 경원선이 끊긴 철길이 남아 있는 공간이다. 서울과 원산을 잇는 철도였으나, 한국전쟁 이후 철도가 끊겨 지금은 흔적만 남아 있는 곳이었다. 총탄을 맞은 기차의 잔해와 철길만 남아 있는 모습을 통해 전쟁의 흔적을 확인할 수 있었다. 또한, 평화를 기원하는 이들이 함께한 '평화의 종'도 볼 수 있었다. 전쟁의 흔적을 보며 마음 아팠지만, 평화를 기원하며 포기하지 않는 이들이 많다는 것도 알 수 있는 시간이었다.

활동을 마친 후 시아현 청소년은 오늘 진행한 평화강의가 제일 인상 깊었다고 소감을 나누기도 했다. "평화는 값지다."라는 정지석 교장선생님의 말씀이 와닿았고, 값진 평화를 잘 지키며 살고 싶다는 소감을 나눴다. 정예인 부회장은 이전에 이런 문제를 몰랐던 것이 창피하기도 하지만 성진영 연구원께서 버스에서 말씀하신 것처럼 "경험하지 않았기 때문에 우리가 몰랐던 것이고, 직접 보고 났으니, 우리가 변화를 만들어 갈 수 있다."는 것을 기억하며, 앞으로의 변화와 활동이 중요하다는 것을 깨달았다고 나누기도 했다.

팀별로 평화에 대해 토론하고, 발표를 준비하는 시간을 통해 자유롭게 평화에 대해 이야기 나누고, 평화를 실천하기 위한 방안을 고민했다. 두 번째 발표를 준비해서 그런지 더 적극적으로 의견을 내고, 청소년들이 생각하는 평화와 실천할 수 있는 영역의 적용 점들이 튀어나오기도 했다. 각자의 삶에서 실천하기 위해 '학교에서 폭력을 방관하지 않겠다.', '나의 욕구보다 남을 먼저 생각하며 갈등을 조절해 보겠다.'고 다짐했다. 공동체에서 평화를 실천하기 위해서는 '평화에 관해 공부하고, 자치활동에 적용하기' 등의 이야기가 나왔다. 지역사회에 적용할 점으로는 '평화에 대한 콘텐츠 및 캠페인 등을 진행해서 사람들에게 알리기', '평화와 관련된 기사 기고하기' 등을 실천해 보기로 했다.

사전 모임에서 평화에 대해 이야기 나눠보자고 했을 때 머뭇거렸던 청소년들도 캠프에 참여 한 후 각자 평화를 정의 내리는 모습도 발견할 수 있었다. 청소년들은 입을 모아 '평화는 우리가 만드는 것'이라고 이야기한다. 각자가 생각하는 평화를 실천하며 살아갈 수 있을 것이다.

다꿈 이용자에서 참여자로 변화하는 보람티어

김성훈

　다꿈의 오픈형 사무실에서 청소년들과 눈을 마주치며 일한 지 1년 8개월이 지났다. 나는 다양한 청소년들을 만나며 게임이나 휴식 공간, 동아리 활동을 위한 장소로 다꿈을 이용할 수 있도록 안내하며 데스크를 지킨다. 청소년들은 나를 처음 보면 여러 가지 호칭으로 부르곤 한다. "형! 저 여기 철권 좀 켜주세요!", "선생님, 저 화장실 한번 써도 될까요?", "선생님 저 여자친구랑 헤어질까요?" 청소년들은 때때로 나를 친근한 동네 형, 규칙을 지키는 규범적인 공무원, 누구에게 말하지 못할 고민을 털어놓는 대나무 숲의 역할로 찾곤 한다.

　그 중, 오후가 되면 늘 다꿈에 오는 청소년 무리가 있었다. "성훈쌤, 안녕하세요. 학교가 일찍 끝나서 다 같이 왔어요." 인사와 함께 다꿈을 이용하고 가는 무리였다. 가끔 데스크로 다가와 "쌤 뭐해요?" 묻곤 하는데, 그럴 때마다 내가 "무슨 일이야?" 되물으면 "심심하다."라고 대답했다. 내가 '이 때다!' 싶어, "그러면 의미 있는 활동 해볼래?"라고 제안하면. 처음에는 그런 활동은 어려울 것 같다며 피하곤 했다. 청소년들에게 나중에 물어보니, '활동을 해본 적 없는 나도 할 수 있을까?'라는 생각이었다고 한다. 두, 세 번 제안하자 청소년들은 마지못해 듣는 느낌으로 나에게 뭘 하면 되는지 물었다. 그런 청소년들에게 나는 "내가 가진 능력으로 지역에 도움이 될 수 있는 활동을 해보자" 제안하면서 새로운 자치기구가 탄생하게 되었다.

'보람 있는 자원봉사(volunteer)를 하자.'라는 뜻의 자원봉사 자치기구 보람티어의 첫 시작은 2023년 7월, '작지만 확실한 변화'라는 프로젝트 활동이었다. 그림을 좋아하는 청소년들이 그림을 통해 지역에 기여하는 봉사활동을 진행했다. 지역 향토 역사에 대한 관심을 키우기 위해, 일제 강점기 시절의 쌀 수탈 역사를 담은 그림을 그려 전시하고 역사를 설명하는 활동이었다.

2023년 보람티어 대표 한O빈 청소년이 활동에 참여하면서 "다꿈에 처음 온건 친구가 게임하러 가자고 해서 어쩌다 온 장소였지만, 처음엔 어려울 것 같아서 피하던 활동이 '나도 할 수 있겠구나.'라는 마음이 생기게 되었다"라고 평가하는 모습을 보며 나는 보람티어 활동이 청소년들의 주체적으로 나아갈 수 있는 변화의 시작이라는 것을 발견할 수 있었다. 그리고 봉사를 마치고 한해 활동을 참여하면서 느낀 점을 공유하는 다꿈 변화 공유회에서는 "내 능력이 지역을 위해 활용할 수 있어서 좋았고, 이렇게 노력한다면 사회가 좋은 방향으로 바뀔 것 같다."라고 발표했다.

이후 보람티어 활동의 영역과 주제는 계속해서 확장되었다. 국제교류와 지역사회 문제점을 해결하는 것에 관심있는 청소년들이 네팔 청소년들과 줌(Zoon)으로 만나며, 지역의 문제점을 해결해보는 국제 교류 활동 Y.S.D(Youth Social Development)에 참여하게 되었다. 익산청소년문화의거리를 중심으로 하는 플로깅도 시작했다. 이 활동 과정 가운데 '익산 장점마을'의 주민과 플로깅 활동을 통해 만난 시민들을 인터뷰한 내용을 정리해서 SNS에 직접 게시하는 활동도 했다. 활동에 참여했던 엄O준 청소년은 "익산이라는 같은 지역에 살고 있었는데도 하나도 몰랐어요. 우리가 지역에 관심을 가져야 해요."라고 후기를 남겼고, 현재에도 계속 보람티어 자원봉사 자치기구에 참여하며 지속적인 활동을 이어 나가고 있다.

보람티어 자치 회의에서 신O진 청소년은 익산청소년문화의거리 내 안전에 대한 문제를 제기했고, 엄O준 청소년은 "우리가 사는 동네는 안전할까?"라는 질문을 던졌다. 이 거리는 청소년 축제도 열리지만, 담배를 피우는 사람들과 쓰레기 문제로 청소년들이 안전하게 이용할 수 없는 환경이었다.

청소년들은 '깨진 유리창 이론'을 언급하며, 문제가 방치되면, 더 나빠질 것이라고 의견을 나눴다. 그렇게 여러 번의 회의 끝에, 청소년문화의거리에서 플로깅 활동을 기획하여 운영했다. 초기 플로깅 활동 중에서는 청소년들이 쓰레기를 줍는 동안에도 담배를 피우는 사람들이 눈앞에 있었고, 이런 현실을 마주하며 환경 문제 해결의 어려움을 느꼈다.

플로깅 평가 회의 후, 청소년들은 "주기적으로 플로깅을 운영하면 담배를 피기 어려운 거리의 문화를 만들 수 있지 않을까?"라는 아이디어를 내놓았다. 이를 위해 청소년들은 플로깅 사전 교육을 진행하고, 지역 내 또 다른 청소년들을 모집하여 활동을 시작했다. 하루의 플로깅 활동만으로 끝내는 것이 아닌, 데이터를 수집하고 평가하며 자료에 근거한 활동을 이어갈 수 있도록 데이터 플로깅을 기획해서 운영하며 자료를 모아갔다.

  데이터 플로깅 이후 봉사 평가회의에서 플로깅만으로 부족함을 느낀 청소년들은 시민들에게 환경 문제를 알리고 연대할 수 있는 캠페인 활동도 기획해서 진행했다. 보람티어의 청소년들은 "한 명의 외침은 사회에 닿지 않을 수 있지만, 많은 청소년들이 함께 목소리를 낸다면 환경 문제를 해결할 수 있을 것"이라고 믿으며, 금요일 오후가 되면 보람티어 활동을 한다. 봉사를 위한 회의를 하고, 시간을 내서 익산 청소년문화의거리 거리의 쓰레기를 줍고, 캠페인을 통해 쓰레기 문제를 주변 사람들에게 알리며 내가 살고 있는 지역의 문제를 해결해나간다.

청소년이 사회 시민으로
성장해 나가는 곳..

최경화

우리 청소년들의 하루 일과는, 학교 수업 끝나고, 바로 동아리 활동까지, 꽉 찬 학교 일정을 마치고, 또 다시 지역아동센터로 발걸음을 재촉하고 있다. 방과 후, 난곡 지역 청소년들의 돌봄을 책임지고 있는 아담스 지역아동센터이다.

방과 후 규칙적인 일정 속, 주5회 매일매일 센터를 나온다는 것은 결코 쉽지 않는 일이다. 서울시 관악구, 그 중 난곡 지역 청소년들의 돌봄과 성장을 책임지는 아담스 지역아동센터는 요일별로 프로그램이 다양하다. 월요일은 기타교실, 화~목 개별학습멘토링, 금요일은 동아리 및 문화체험활동으로 학교수업과는 또 다른 일주일을 청소년들에게 선사해주고 있는 우리 센터이다.

19명 청소년 이용 시설로, 기초학습이 부족한 청소년들을 위해, 학습지원으로 전문적인 아동복지교사, 강사, 자원봉사자를 활용하여 성적이 많이 향상되는 것보다, 개별수준에 맞는 일대일 학습으로, 학습에 대한 자신감을 조금씩 갖게 하는 역할을 해주고 있다. 교육지원으로 청소년들이 스스로 하고 싶은 것들을 선택하여, 만들어가는 과정을 중요시하는 동아리 활동, 해마다 지역사회기관과 연계하여 전문적인 분야의 강사에게 진로를 주제로 집단활동을 실시하고 있다.

우리 지역아동센터들은 한 청소년의 개별 성장과 가족 지원에도 집중하는 정서지원도 빼놓을 수 없다. 청소년 개별 사례관리, 가족지원에도 집중하며, 단순한 부모 모임이 아니라, 부모들을 위한 전문교육을 통해, 부모 자신을 발견하고 자녀와의 의사소통을 향상시키는 데 도움을 주고 있다. 세대 변화가 빠르게 변할수록 청소년 뿐만 아니라, 부모 세대들도 교육이 꼭 필요한 시기이기에 지역아동센터가 전문적으로 책임져주고 있는 것이다. 그 이외에도 다양한 문화체험활동, 안정적인 지역사회기관과 연계한 안정된 지원으로 청소년들과 가정의 필요 물품과 욕구를 채워주고 있다.

가장 큰 성과 중 하나가, 지역사회연계로 운영되고 있는 청소년 센터이다. 초등 지역아동센터를 졸업한 후 바로 청소년 지역아동센터 연계로 인해 청소년기 또래집단 형성과 더불어 사춘기들의 소통방법 공유, 고등학교 과정까지 이용한다는 강점이 있다. 청소년 시기는 2차 성징으로 인한 신체, 심리적 성장이 초고속으로 이뤄지는 시기이다. 이는 청소년들에게 어떤 멘토와 인도자가 있냐에 따라 그들의 삶의 방향이 결정되는 중요한 시기이다.

대부분 저소득층 아동이 겪는 어려움은 주변에 괜찮은 삶의 모델링과 멘토들이 없기 때문에 방황하는 시기에 자신의 삶을 세워갈 수 있는 힘이 없는 것이라고 생각한다. 이에 초등부터 청소년까지의 통합돌봄으로, 한 청소년의 삶을 책임지고 있는 아담스 지역아동센터는 청소년들이 자신의 삶의 방향을 세워가고, 좋은 멘토들의 만남 속에서 비전을 구체화 하며, 삶을 주체적으로 살아갈 수 있게 도움을 주고 있다.

지역아동센터가 통합지원시스템으로 지금까지 안정되게 운영되고 있는 것은 모두 청소년들이 직접 기획, 진행, 평가로 이루어지는 '청소년 자치활동'의 뛰어난 기획력 덕분이다. 다만, 지금 선배들(고등학생)이 중학생이었을 때와 지금 중학생들과의 참여도의 차이는 많은 갭이 있었다. 선배들은 많이 억울할 수도 있다는 규칙들 지금 중학생들에게 2년 전까지의 규칙을 실천하며 운영한다면 아마도 어려움이 있지 않을까 하는 생각이 든다.

그만큼 청소년 이용시설이 잘 운영되어지려면 청소년들의'자유로움 속에서 오고 싶은 센터'가 되는 것이 중요하다. 그것은 또래관계에서 오는 즐거움일 수도 있고, 선생님들의 편안함이 좋아서 일수도 있다. 무엇이든지 스스로 결정하고 가장 편하게 즐기면서 다니고 싶은 곳'이어야 한다.

현재 지역아동센터는 우리나라 아동복지사업 관련 가장 중요한 역할을 수행하는 기관 중의 하나이며, 10만명이 넘는 아동이 이용하는 기관임에도 불구하고 영세한 규모의 운영과 보조금 및 후원금 중심의 운영을 벗어나지 못하고 있다. 아동의'교육'과'보호'를 담당하는 지역아동센터의 인력은 고도의 전문성을 요하는 일임에도 불구하고 현실은 다른 기관 종사자들과 처우에 있어 큰 차이가 나고 있다. 그야말로 사

회복지종사자로서 근무하다가 사회복지 대상자가 되어버리는 실정에 처해있는 현장이다.[1]

해마다 바뀌는 정부 매뉴얼과 운영규칙에 따라 사회복지현장에서 일하는 것은 나에게는 매일매일 숨 막히는 과제이다. 그러나 내가 여전히 지역아동센터에서 일하고 있는 것은 지금도 복지 사각지대에 놓인 가정과 그 속에 있는 돌봄이 필요한 지역사회 청소년들이 늘어가고 있기 때문이다.

서울시 내에서도 청소년 시설들이 폐쇄되거나 초등학생으로만 운영되는 지역아동센터들이 많다. 아담스 지역아동센터는 청소년 전용으로 현재 고등학생들이 더 많은 비율을 차지하고 있다. 그만큼 특성화고로 진학하는 고등학생들이 많아지는 추세이지만 방과 후 거리가 멀어도 센터에 나오는 열정적인 모습이 통합사회복지서비스의 청소년 지역아동센터가 지속적으로 존재하는 힘이다.

2024년, 서울시 지역아동센터는 12,000명의 아동.청소년 1,100명의 종사자가 함께한 20주년을 맞이하게 되었다. 지금 이 사회 속에서 함께 살아가고 있는 아담스 청소년들이 난곡 지역이라는 한 작은 공간이지만, 지역아동센터 활동을 통해 시민의 한 사람으로서, 지역사사회에서 성장하고 있음을 확신한다.

---

[1] 김정환(연세대학교 사회과학대학 교수), '아동복지와 돌봄의 역사와 당면과제 – 지역아동센터 운영의 문제점과 대책을 중심으로', 2024. 지역아동센터 운영의문제점과 대책 마련을 위한 토론회 자료집.

내 마음의 양은냄비는 아직 따뜻하다

김학준

오랜만의 외출

학교 밖 청소년을 만나던 시절이 벌써 오 년 전이다. 아이 둘을 키우며 나이를 먹은 건 아이만이 아니었다. 지극히 개인적인 생각이지만, 나의 나이는 청소년과 조금은 거리감이 느껴지는 나이가 되어버린 것 같았다. 그런 걱정 때문인지 아무리 기지개를 펴도 몸이 덜 풀린 것 같은 기분으로 출근을 시작했다. 그래도 '경력이 있는데' 라는 생각은 아주 잠시 자신감을 주었을 뿐 이곳엔 새로운 용어들이 즐비했다. 줄임말도 많고, 내가 쓰지 않던 단어들이 문서와 매뉴얼에 가득했다. 그렇다 나는 신입직원, 아무것도 모르는 그래서 호기심 많고 근거 없이 용감한 신입직원인 것이다. 아무도 나를 탓할 수 없는 그런 무책임의 호사를 잠깐이라도 누려야겠다는 생각으로 눈에 보이는 운영 매뉴얼과 사례관리에 관한 글들을 읽어 나갔다. 글은 어떤 때는 차가웠고 또 어떤 때는 따뜻했다. '머리는 차갑게 가슴은 뜨겁게' 학문하라는 대학교 선배들이 했던 말처럼 교육복지는 선한 마음으로만 일하는 것이 아니라 가장 적합한 방법을 찾아가는 신속한 행동으로 일하는 것이 더 나은 길이라는 걸 조금은 배울 수 있었다. 눈으로 글을 따라가다 보니 귀도 센터 안팎의 대화에 따라갈 수 있었다. 센터 실무자들의 대화 속엔 위기의 청소년들이 늘 등장했다. 이름이 익숙해지고 또 그들의 반복되는 어려움들을 극복하기 위한 고민들의 무게가 조금씩 나에게도 느껴졌다.

쌍둥이를 기억하다

'햇살'과 '바람'을 만난 건 작년이었다. 멘토링 프로그램의 마무리 연말행사에 레크레이션 진행자로 초대되었을 때, 참석한 쌍둥이가 '햇살'과 '바람'이었다. 그곳에 모인 청소년들이 예상 밖으로 레크레이션에 대한 경험이 부족하다는 것이 느껴져 조금 더 살피지 못한 스스로에게 아쉬움이 있었다. 레크레이션 내내 좋은 건지 싫은 건지 내색 하지 않고 굳게 입을 다물고 있던 쌍둥이 형제의 모습이 생각났다. 아빠와 사는 쌍둥이 중 한명은 서로 장난치다 발가락을 잃었다고 한다. 사고가 난 것보다 더 아픈 건 사고에 빠르게 대처하거나 수습할 수 있는 보호자의 부재였다. 한부모 가정이 가진 깊은 상처는 '부재'로부터 시작되는 것은 아닐까.

교육복지센터는 가족맞춤지원사업을 하고 있었다. 가족지원을 통합 일괄적으로 하는 것이 아니라, 가족에 맞는 필요와 욕구를 파악하여 지원하는 것이다. 가족을 세세히 살피고 그 온도를 함께 공감하는 전초

작업이 중요한 사업이었다. 이제 가족맞춤지원 대상으로 쌍둥이 형제의 이야기를 이어듣게 되었다. 쌍둥이는 한 살을 더 먹어 초등학교 5학년이 되었고 '야구'라는 관심사가 생겼다고 했다. '야구'라니, 고맙게도 야구여서, 더 친밀감이 느껴졌다. 내가 정말 오랜 세월 따라다니며 쌓아온 '야구'에 대한 관심을 쌍둥이 형제와 나눌 수 있음에 고마웠다. 의욕이 넘쳐나는 신입은 그렇게 기대감을 쌓으며 쌍둥이와의 만남을 기다렸다.

양은냄비처럼 차가운 첫 가정방문

약속시간을 잡고 사례담당 실무자와 아파트 앞 좁은 골목의 주택 앞에 섰다. 지붕에 검은색 차양막 같은 알 수 없는 천이 덮여 있는 집이었다. 초인종을 누르고 '햇살'과 '바람'을 부르자 잠깐의 시간이 지나 쌍둥이의 아버님이 우리를 맞이해주셨다. 잠깐의 시간이었지만, 첫인상에 나를 너무 낯설어 하진 않을까 긴장되었다. 학교 밖 청소년을 적잖이 만나봤지만 이렇게 가정방문은 처음이었다. 널부러진 신발들 사이로 신발을 조심스레 끼워 넣고 집으로 들어서자 방과 부엌이 한눈에 들어왔다. 방안에는 깔아놓고 사는 듯, 개지 않은 이불이 펼쳐져 있었고, 부엌에는 좁은 싱크대 위로 식기들이 높이 쌓아 올려져 있었다. 생소했던 것은 싱크대 앞 바닥에 덩그러니 휴대용 가스렌지가 자리 잡고 있던 것이다. 나중에 알게 된 사실이지만, 쌍둥이네는 도시가스가 끊겨있고 휴대용 가스렌지로 조리를 한다고 했다.

식기건조대에 식기 가장 위에 올려있는 커다란 양은냄비가 눈에 띄었다. 라면을 좋아하는 나도 양은냄비를 사용하지만 꽤나 큰 사이즈의 양은냄비라 라면용이 아니라 더 많은 양을 끓일 때 쓰일 것으로 추측됐다. 금방 끓지만 금방 식어버리는 양은냄비는 라면을 끓이는데 더없이 좋은 도구지만 국이나 다른 요리를 할 때는 좋은 조리도구가 될 수 없다. 양은냄비가 왠지 금방 따듯해졌다가도 금방 식어버릴 것 같은 '햇살'과 '바람'의 마음처럼 보였다. 쌍둥이 형제는 아빠의 재촉으로 우리가 앉은 식탁에 겨우 마주 앉았지만, 혼나는 것처럼 고개를 숙인 채 눈을 내리깔고 입을 굳게 다물고 있었다. 오늘 있었던 일도 물어보고, 요즘 뭐가 재밌는지도 물었지만, 예 아니오로 대답할 뿐이었다. '야구' 이야기를 꺼내기 전까지는 그랬다.

'야구'로 열린 마음의 창문

금방 끓기도 하지만, 금방 식어버릴 것 같은 '햇살'과 '바람' 쌍둥이 형제에게 '야구'는 유일하게 긴대답을 끌어낼 수 있는 주제였다. 야구는 형제에게 단순한 스포츠가 아닌 소중한 관심사이자 즐거운 놀이의 세계였다. 나 역시 야구에 대해 하나씩 아는 정보를 꺼내며 형제의 이야기에 귀 기울였다. 우리는 서로가 가진 '야구'라는 세계를 조금씩 나누며 서서히 마음의 거리를 좁혀갔다. 좋아하는 팀을 물었을 때, '햇살'은 KT를, '바람'은 롯데를 응원한다고 했다. 야구의 묘미는 역시 자신이 지지하는 팀이 이기길 바라는 그 응원에서 나오는 법이다. 여러 가지 요소가 팀의 승리를 만들어내듯, 이 소년들에게도 삶에서 '이기는' 경험을 만들어주기 위해 어떤 요소들을 함께 채워나가야 할지 고민이 되었다. 차갑게 얼어 있던 대화가 '야구' 덕분에 서서히 따듯해졌다.

쌍둥이는 하교 후 아파트 뒤편 놀이터에서 야구를 한다고 했다. 사실 야구는 장비와 공간이 중요한 스포츠이다 보니, 어떻게 준비하고 경기를 하는지 궁금했다. 쌍둥이는 각자 글러브만 소유하고 있으며, 나머지는 친구들에게 빌린다고 했다. 장비를 고르고 구매하는 과정부터 그들에게는 야구의 새로운 세상으로 들어가는 흥미진진한 과정이 될 것이다.

쌍둥이 형제와의 '야구' 대화는 단순한 주고받음 이상이었고, 그들의 세상을 이해할 수 있는 작은 창문이 되어주었다.

스스로 선택하는 즐거움을 발견하다

'바람'과 '햇살'을 3주 정도 만나보니 한결 눈빛은 가벼워졌고, 야구 이야기는 깊어졌다. 그러나 한편으로는 늘 같은 옷을 입고, 감지 않은 머리의 쌍둥이를 감지 할 수 있었다. 12살, 위생적이지 못한 모습으로 친구들로부터 무언의 배타적 시선을 느낄 만한 나이가 되어 걱정되었다. 변화가 필요한 시점이었다. 처음에는 입을 굳게 닫은 쌍둥이에게 "이거 해보자, 저거 해보자" 하는 것이 그저 강요가 아닐까 고민되었다. 그러나 '야구'라는 주제 앞에서 우리 사이에 어느새 작은 '길'이 생겨났음을 느꼈다. 길이 생겼으니, 그 길을 따라 용품도 사고 운동복도 구매하고, 부지런한 운동 습관까지 함께 만들어 보면 좋겠다고 생각했다. 필요한 야구용품을 검색해보자는 제안에, 쌍둥이는 능숙하게 자신들이 원하는 물건을 찾아 보여주었다. 그러던 중, 비싼 물건을 피하고 가장 저렴한 것들만 고르는 모습을 보며 마음 한편이 쓰였다. 빈곤으로 인해 제한된 선택에 익숙해진 아이들의 모습이 애잔했다. 하지만 필요 물건을 직접 고르고 보여주는 적극적인 모습에는 고마움이 느껴졌다.

예산을 고려해 적정한 가격대를 알려주고 같이 골라보자고 제안하니, 아이들은 스마트폰으로 야구용품을 찾기 시작했다. 그 과정에서 그들의 눈빛엔 생동감이 피어났다. 금세 필요한 용품 리스트가 만들어졌고, 그 모습에서 수동적이던 모습이 점차 능동적으로 변하는 순간이었다.

운동복을 고르기 위해 의류점에 갔을 때, 쌍둥이는 처음에는 다소 쭈뼛거렸지만 곧 원하는 옷과 사이즈를 찾아내기 시작했다. 피팅룸에서 열심히 옷을 입어보며 "작다, 크다"를 이야기하고, 같은 디자인이라도 색상과 목부분의 모양까지 고민하는 모습에서, 아이들은 점점 주체적으로 선택하고 결정하는 자신을 발견해 갔다.

내 마음의 양은냄비는 아직 따듯하다.

'햇살'과 '바람' 그리고 아버지와 함께 야구를 하기로 한 약속의 날이 찾아왔다. 날씨 좋은 가을, 약속 시간 20분 전, 전화가 걸려왔다. "선생님, 저희 학교 끝났어요." 쌍둥이 중에 더 말수가 적은 '햇살'의 전화였다. 짧은 말이었지만, 기다림 끝에 찾아온 이 시간이 쌍둥이에게 얼마나 큰 기대와 설렘으로 다가왔는지 그대로 전해졌다. 늘 무뚝뚝하고 "네" 아니면 "아니오"로만 대답하던 이 아이들이 조금씩 마음을 열어가는 순간이 시작되고 있었다.

함께 야구를 하며 느꼈다. 매일 얼굴을 마주하는 가족일지라도, 진정한 관계란 서로의 마음이 더해져야 가능하다는 것을. 작은 공을 던지고 받는 그 과정 속에서 말없이 쌓이는 믿음이 우리를 더 가까이 묶고 있었다. 아이들은 주저 없이 공을 던지고, 다시 힘껏 받으려는 모습으로 서로에게 신뢰를 전하고 있었다.

처음 그들의 집에 방문했을 때 차갑고 빈 듯했던 양은냄비가 떠올랐다. 그 냄비는 쌍둥이의 마음속 '낯섦'을 상징하는 것 같았다. 가볍고 차가운, 어딘지 모르게 비어있는 느낌이 드는 그 냄비가 이제는 '야구'라는 작은 불씨로 따뜻하게 데워져 가고 있다.

'자꾸 걷다 보면 그 발자국이 모여 길이 된다'는 시구가 문득 떠오른다. 길이 없어 보이던 이 쌍둥이의 마음속에도 이제는 작은 길이 나고 있었다. 그 길 위엔 그들의 웃음소리와 즐거움이 얹어지고, 표정엔 숨길 수 없는 기쁨이 번져가고 있다. 밤이 지나면 낮이 오듯, 이 아이들이 어두운 현실 속에서도 밝은 내일을 향해 걷기를 바란다. 다시 밤이 찾아와도 밤하늘의 별을 바라보며 여전히 태양은 우리를 향해 비추고 있음을 믿으며 어둠 속에서도 꿋꿋이 걸어가길.

사실 차갑고 두려웠던 건 '햇살'과 '바람'의 마음이 아니라 바로 나의 마음이었다. 나의 낯설고 긴장된 마음을 데워준 것은 쌍둥이들이었음을 깨닫는다. 이 아이들이 내 마음에 작은 온기를 불어넣어 주었고, 함께 걸으며 내 마음의 양은냄비는 따뜻하게 유지되고 있다. 아이들은 더 이상 어제의 아이들이 아니다. 그들의 존재가 얼마나 주체적인지, 스스로 성장하고 세상과 마주해 나가는 모습을 함께 지켜볼 수 있는 이 길에 동행하게 된 것은 내게 커다란 행운이다.

변화의 계절

이사은

아침 출근길, 운전하며 오늘은 어떤 하루가 펼쳐질지. 하루가 변화무쌍해도 흔들림 없는 마음가짐을 유지하고자 조용히 결심한다.

오디 가정에는 봄, 여름, 가을, 겨울 그리고 한겨울과 같은 5명의 아동이 생활하고 있다.

봄은 이름처럼 화사하고 예쁘다. 봄은 학교에 가기 위해, 새벽 3시에 기상하여 준비한다. 2시간여 동안 공들여 화장하고 학교에 간다. 이러한 기상은 본인의 체력에 무리를 줄 수 있고 룸메이트 동생에게 피로감을 줄 수 있으니, 기상 시간을 조율할 것을 요청했다. 차츰 조율한 시간에 기상을 하게 되어 적절한 수면 패턴을 이루도록 하였다.

친구 관계가 좋을 때가 있으면 또 어려운 시기도 있기 마련이다. 이 시기가 되면, 봄은 문제를 직면했을 때, 등교를 거부하는 모습을 보인다. 중요한 입시를 앞두고 있기에, 학교의 담임선생님도 오디 선생님도 원활한 학교생활을 유지할 수 있도록 관심을 가지고 보살피고 있다.

봄은 자퇴 생각을 했으나, 이러한 선생님들의 응원과 지지로 학교생활에 적응하고자 노력하고 있다.

봄은 자신만의 독특한 음색을 가지고 있고 노래를 부르는 것을 좋아하고 잘하여, 보컬학원에 지원했으나 학원 생활에 적응하지 못하여 그만두었다. 하지만 아동에게는 음악적 재능 말고도 탁월한 운동 지능이 있어 보임으로 체육학원에 등록해주어 다니고 있다. 다행히 그 전의 보컬학원과는 달리 꾸준히 하려는 모습을 보여주고 있다.

봄은 대화하면 항상 화를 내거나 싸우려고 하는 모습이 있었고 자신이 요청하는 부분에 거절당한다고 느끼면 공격적인 모습들을 자주 드러내었었다. 하지만 오디 선생님들의 헌신으로 그러한 모습은 조금 줄어들었고 가능한 대화를 하려는 모습들을 보여주고 있다. 다가오는 2025년에는 봄에게는 매우 어렵게 느껴지는 정리 정돈을 할 수 있도록 도울 예정이다. 그리고 물을 잘 마시지 않고 음료수를 자주 마시는 등 식습관 문제와 오디 가정 프로그램 참석률을 높일 수 있도록 아동과 선생님들이 함께 대화를 해가며 조금씩 성장하고자 노력할 것이다.

여름은 밤과 낮이 바뀐 생활방식으로 학교에 다니는 것을 매우 어려워했다. 아침이면 여름의 원활한 등교를 위해 오디 선생님, 담임선생님, 여름의 어머니 등 3~4명의 어른이 고군분투했다. 이에 아동이 노력하는 모습을 보였지만, 결국 자퇴하고 말았다. 그 후, 대안학교에 입학하여 다니려고 했지만, 그 전과 비슷한 상황이 이루어지고 있다.

여름은 귀가 시간을 지키지 않고 무단 외박을 하는 것도 문제이지만, 친구를 좋아하고 도와주려는 마음의 정도가 지나쳐 사건·사고를 만들고 있다. 또한 술, 담배, 비행 등 여러 가지 해결해야 할 문제들도 있다. 부모님은 자신을 버렸지만, 오디 가정에서는 자신을 버리지 않았다며 오디 가정에 지내고 싶어 하는 마음은 이해하나, 오디 가정의 다른 아동에게도 부정적인 영향을 미치고 있다. 그리고 거짓말에 능숙하다 못해 자신이 말한 거짓말을 진실이라고 믿는 경향이 있어 치료가 필요하다고 생각된다.

여름의 생각을 이해하기 어렵기 때문에, 전문가의 연계를 하고자 한다.

가을은 학업에 대한 열정으로 학업 성적이 우수하다. 학업에 관한 생각, 어려움 등 잘 반영하여 원하는 학원에 다닐 수 있도록 오디 선생님들은 노력하고 있다. 아동은 열심히 하는 모습을 보여주어 오디의 기쁨이 되어 주곤 했다. 똑똑하고 예쁜 가을은 때로는 큰 언니의 모습을 보여주며, 동생의 잘못된 행동을 지도해주기 위한 모습도 보여준다.

여러 가지 잘 해주는 가을이 에게도 보완해야 할 점이 있다. 감정 기복이 매우 크고 거친 경우가 종종 있어, 주변 사람들을 난처하게 하고 힘들게 한다는 점이다. 입소한 지 몇 년이 흘렀지만, 수정되지 않고 있다. 하지만, 가을에게 끊임없이 따뜻한 말과 사랑의 모습으로 대하다 보면 똑똑한 가을이기에 어느새 멋지게 성장하지 않을까? 기대해 본다. 입소 전과 입소 후의 모습이 가장 크게 긍정적으로 성장한 가을이가 멋진 약사가 되기까지 오디 선생님은 지속해서 응원하고자 한다.

겨울은 작년 봄, 오디 가정으로 입소했다. 입소 당시 6학년으로 눈맞춤이 잘되지 않았다. 특이한 부분은 스트레스가 있거나 설렘이 있을 때 자해하는 경향이 있었다. 또한 귀신을 보거나 이상한 소리가 들린다며 힘들어했다. 오디 가정에만 있으려고 하고 온 관심이 오디 선생님에게만 있었던 적이 있었다. 그 관심이 오지 않을 경우, 자해로 협박하기도 했다. 이러한 행동을 운동과 같은 예체능으로 승화할 수 있지 않을까? 라는 생각으로 보라매공원에서 인라인스케이트를 배우게 하거나 미술 학원에 다니게 하였다. 미술에서 재능을 발견하여 키우려고 했으나, 자해 문제로 잠시 휴식 중이다. 어느 날 학교 수업 중 주제 글쓰기장애 '죽인다'라는 말을 굉장히 많이 표현했다며 담임선생님으로부터 연락이 왔다. '자신에게 만약 5만 원이 있다면?'이라는 질문에 겨울은 '5만 원 가지고 술, 담배, 칼을 사서 죽이고 싶은 사람을 찾아 그 사람을 죽여 그다음 시체를 칼로 잘라 장기를 꺼내어서 판다. 그리고 돈을 벌 것이다.' 그리고 '외모가 마음에 안 든다면 예쁜 사람을 죽여서 그 피부를 자신에게 붙인다.'라는 글과 만약 그 사실이 걸려도 자신은 미성년자이기 때문에 붙잡혀가지 않는 부분을 언급하는 등 독특한 글을 썼다. 그리고 '내가 만약 투명 인간이 된다면 무엇을 하고 싶은지?'라는 질문에 '평생 투명 인간으로 살 거고 다른 사람을 죽이거나 자신의 마음대로 할 수 있다'라는 글을 써서 화제가 된 적 있다. 이러한 상황으로 아동의 종합 심리검사를 진행했다. 그 결과, 조현병과 양극성 정동장애 진단이 내려졌다. 아동이 그동안 이러한 일들로 온전히 힘들어했나 보다. 약 복용을 시작했으나 약을 먹지 않고 혀 밑에 숨겨두거나 토하기도 하는 등 거부적인 모습도 자주 보여 어려움을 겪었다. 아동이 힘들 때면 입원시켜달라고 떼를 쓰거나 자해했다. 학교도 다니기 어려울 정도였다. 국립정신건강복지센터에 보름 정도 입원했고, 최근에는 다른 정신과 병원에 두 달 넘게 입원하기도 했다. 입원 기간 아동은 많은 어려움을 겪었다. 오디에서 양육하기 어려운 정도의 위험성도 보였다. 이에 겨울의 부모님 그리고 오디 선생님들은 어떠한 방안이 적합할지 생각했다. 한 달에 4번 정도 자해하고, 하교 후 용돈으로 매번 칼을 샀기 때문에, 오디 가정 선생님들이 아동 관리의 어려움을 느꼈다. 학교 담임선생님, 위클래스 상담 선생님, 구청 양육 상황 점검 선생님, 오디 선생님들이 함께 논의하면서 어려움들을 극복해 나가고자 했다.

겨울은 오디 가정에서 생활하고자 하는 마음이 매우 컸고, 겨울의 부모님은 겨울을 집에서 맡기가 아직은 부담스럽다고 회피했고, 아동에게 윽박질러 상황이 더 악화하기도 했다. 아동은 퇴원 후 다시 오디 가정으로 왔고, 약 복용이 매우 어려울 텐데, 지금까지 잘 협조해주고 있다. 퇴원 후, 자해를 한번 한 적 있었으나 그 후에는 자해하는 행동을 보이지 않는다. 그리고 자신도 노력하는 모습을 보인다. 요즘 겨울은 선생님들과 언니들에게도 잘하려는 모습을 보여준다.

지난 10월은 겨울의 오디 프로그램 참석률이 제일 높았고 가정 회의, 멘토링 참여 등 여러 가지 좋은 모습을 보였다. 이러한 행동으로 스스로 대견해했다. 24년도 상반기까지는 학교 가면 늘 조퇴하는 모습, 위클래스 상담실에 가거나 보건실에서 지내는 등 학교생활 적응의 어려움이 있었는데, 지금은 특별한 경우를 제외하고는 수업 종료 후 귀가하고 있다.

요즘 걱정되는 점은 겨울이 부적절한 방법으로 이성에게 관심을 구하는 행위를 하고 있다는 점이다. 하지만 그 행위를 발견하여 경찰과 연계하여 해결했다. 그리고 그 관심을 다른 것으로 환기하고자 노력하고 있다.

최근에는 한겨울이라는 아동이 재등장했다. 한겨울은 오디 가정에 입소 후 23년에 원가정에 복귀한 아동이다. 아빠와 마찰 후, 아동은 쉼터를 전전긍긍했고 기다리던 아빠는 중국으로 가버렸다. 쉼터에서 아동과 싸우거나 비행으로 쫓겨나기도 하고 스스로 쉼터를 옮겨 다니는 등의 사건들이 발생했다. 학교와 거리가 먼 쉼터들에서 지내면서 학교에 가지 않아, 퇴학 위기에 놓였다고 한다. 한겨울은 이러한 생활을 지내던 중에 옷과 가방 등을 잃어버려 청바지 주머니에 속옷이 한두 개 들어가 있는 게 고작이었다. 한겨울은 고3으로 졸업을 앞두고 있었다. 이러한 상황을 인지한 오디 가정에서는 긴급회의를 열었다. 오디 가정의 퇴소한 아동으로서 보호가 시급하기도 했고, 혹여라도 성매매에 희생이 될까 우려하여 임시로 오디 가정에서 보호하는 것이 어떻겠냐는 의견을 내었고, 다행히 오디 선생님들은 모두 흔쾌히 한겨울을 돕자고 했다. 한겨울이 고3 졸업을 할 수 있도록 그 기간까지 만이라도 오디에서 지낼 수 있도록 했다. 그러나 얼마 지나지 않아 성매매 피해자라는 것을 영등포 아동보호전문기관으로 연락받게 되어 알게 되었다. 현재는 위험한 상황에 놓인 한겨울을 보호하기 위해 학교 담임선생님, 영등포 아동보호전문기관, SPO, 관악 경찰 수사관님 등 여러모로 수고해주고 계신다. 오디 선생님들도 힘듦을 마다하고 애써주고 계신다.

매일 하루하루 오디에서는 다양한 상황 속에 끊임없는 문제들이 발생하고 있다. 그 문제 속에서 흔들리면서도 중심을 잃지 않으려고 한다. 오디 가정에서의 삶은 항상 힘들다. 동시에 아동의 성장과 엉뚱하고 순수한 모습에 또 웃게 되고 잠시나마 시름을 잊게 된다. 때로는 기대 속에서 실망하기도 하고 지쳐서 아무것도 하지 않는 상황 속에서도 아이들은 어느새 성장해 있기도 하다.

  계절의 변화는 인생의 모습과 같다. 각 계절이 그 자체로 우리에게 다양한 감정과 경험을 선사해준다. 계절은 서두르지 않지만, 항상 변화한다. 속도를 늦추고 과정을 신뢰하면 좋은 날이 오지 않을까.

청소년의 안정적 자립수준 향상
아무도 가보지 않은 길

2024년, 작은 변화가 불러온 희망의 이야기

홍승완

2024년 1월 2일, 한 명의 어린아이가 한신예수가정의 문을 조심스럽게 두드렸습니다. 초등학교 5학년이라는 나이가 무색할 만큼, 이 아이는 이미 세상을 떠돌아다니며 여러 시설을 전전해 왔습니다. ADHD와 적대적 반항장애라는 진단을 받은 아이는 불안감과 경계심으로 가득 찬 눈빛을 하고 있었습니다. 무언가에 늘 쫓기는 듯한 그 눈빛은 아이가 짊어져야 했던 무거운 삶의 흔적을 고스란히 담고 있었습니다.

아이는 거짓말을 너무나 능숙하게 했고 어른들이 아무리 따뜻한 조언과 지도를 해주어도 그 순간뿐, 금세 예전의 모습으로 돌아갔습니다. 어른들의 말이 그 아이에게는 신뢰할 수 없는 약속처럼 느껴졌을지도 모릅니다. 적응할 시간조차 없이 떠돌며 상처받아 온 시간 속에서 아이의 마음은 철저히 닫히고 말았던 것이겠지요.

이 아이가 우리 시설에 오기 전까지 다른 곳에서도 비슷한 어려움을 겪으며 수차례 자리를 옮겨 다녔다는 이야기를 들었을 때, 저는 솔직히 걱정이 앞섰습니다. 이곳에서도 같은 일이 반복되지 않을까 하는 두려움과 우리가 이 아이에게 진정으로 도움이 될 수 있을까 하는 부담감이 제 마음을 무겁게 했습니다.

하지만 시간이 흐르면서 조금씩 변화의 바람이 불기 시작했습니다. 물론 아직 큰 변화가 눈에 띄게 일어난 것은 아닙니다. 여전히 거짓말을 하는 일이 많고 교사의 지도에 잠깐 반응했다가 다시 예전 행동으로 돌아가는 모습을 보이기도 합니다. 그럼에도 불구하고 아이의 눈빛과 태도에는 분명히 처음과는 다른 변화의 조짐이 나타나기 시작했습니다. 한신예수가정에서 지내면서 아이는 전보다 밝아졌고 마음 깊은 곳에 있던 불안감은 조금씩 엷어지고 있었습니다. 처음 만났을 때의 어두운 그림자 대신 미소가 스며드는 순간들을 발견하게 되었지요.

기억에 남는 날이 하나 있습니다. 아이가 친구와 사소한 다툼을 하던 날이었습니다. 그 전이라면 금세 화를 내거나 눈물을 흘렸을 아이가 그 날은 조금 다르게 행동했습니다. 자기감정을 조절하며 상대방의 이야기를 들으려는 모습이 눈에 띄었습니다. 완벽하지는 않았지만, 그 작은 변화는 저에게 정말 깊은 감동을 주었습니다. 사회복지사로서 수많은 어려움 속에서도 이러한 작은 변화 하나가 저를 다시금 일깨워주었습니다. 우리가 하는 일의 특성상 '완성'까지의 길은 비록 멀고 더디지만, 결코 그 길이 헛되지 않다는 사실을요.

우리의 목표는 이 아이가 조금 더 편안하고 따뜻한 마음으로 세상을 바라보며, 어느 순간엔 스스로의 삶을 굳건히 이끌어 갈 수 있는 역량을 갖출 수 있도록 돕는 데 있습니다. 이곳 한신예수가정에서의 생활이 이 아이의 마음을 보듬어주고 건강한 신체와 마음을 키우는 밑거름이 되어 아이가 삶의 크고 작은 결정을 스스로 해나갈 수 있는 날이 오길 바라요. 의식주를 스스로 마련하고 사회 속에서 맺는 관계 속에서 행복과 안정을 느끼며 필요하다면 경제활동까지 영위하며 자신의 삶을 책임질 수 있는 능력을 갖출 수 있도록 도움을 주는 것. 그것이 우리가 이 아이를 위해 품고 있는 크고도 소중한 바람입니다.

아이와의 소통도 조금씩 달라지고 있습니다. 처음에는 대화조차 어려울 정도로 아이는 경계심을 늦추지 않았습니다. 짧은 대화 속에서도 늘 방어적인 자세를 취하곤 했습니다. 하지만 이제는 때때로 자신의 속마음을 살짝 내비치기도 하고 감정을 다루는 법을 배워가면서 더 나은 선택을 하려는 모습을 보이고 있습니다. 물론 이 변화가 아직 완전하지 않다는 것을 잘 알고 있습니다. 하지만 이 작은 변화의 씨앗들이 언젠가는 아이의 삶을 더 나은 방향으로 이끌어 줄 것이라 믿습니다. 변화의 시작은 언제나 조그마한 발걸음에서 비롯되니까요.

한신예수가정에서의 생활이 아이에게 조금이나마 편안함과 안정감을 주고 있다는 것을 느낄 때면 제 마음은 따뜻함으로 가득 차오릅니다. 이곳에서 아이가 안정을 찾고 마음의 평화를 조금씩 되찾고 있기를 간절히 바랍니다. 물론 갈 길은 여전히 멀고 힘에 부쳐 지칠 때도 있지만, 이곳에서 보여준 아이의 활기차고 밝은 모습 그 자체가 저에게는 정말 큰 성과입니다.

들꽃의 사회복지사로 지내왔던 많은 순간과 시간 속에서도 이 아이와의 시간은 유독 마음에 깊이 남습니다. 아이의 작은 변화 하나하나를 지켜보는 것은 말로 다 표현할 수 없는 기쁨과 보람을 안겨주기 때문입니다. 완벽하지 않아도 작은 변화를 지켜보며 제 일에 대한 확신과 열정은 더욱 깊어집니다. 그리고 이 아이에게는 그 변화들이 더 나은 삶을 향한 소중한 밑거름이 되리라는 확신이 듭니다.

 2024년 한 해 동안 아이와 함께한 시간은 제게 큰 의미를 주었습니다. 앞으로도 이 아이가 더 나은 삶을 살 수 있도록, 그리고 이 세상의 더 많은 아이들이 안정된 환경에서 성장할 수 있도록 저는 제 자리에서 최선을 다할 것입니다. 변화는 언제나 어렵고 더디지만, 그 과정들 속에서 얻는 기쁨과 보람은 그 무엇과도 바꿀 수 없다는 진리를 다시금 깨달은 한 해였습니다.

그냥 사랑해버리면 돼!

장다현

그룹홈 청소년들과 함께 먹고 자고 생활하는 것을 나의 직업으로 꿈꾸었을 때 난 이유 모를 자신감에 가득 차 있었던 것 같다. 나 정도면 마음 따뜻하고 타인들과 잘 지내고 밖에서 자는 것에 거부감도 없는 사람이니 아이들과도 잘 지낼 거야! 하고 말이다. 막상 부딪혀보니 물렁하고 무던한 나의 성격은 같이 사는 동거인으로서는 좋은 자질을 가지고 있을지 몰라도 교사, 선생님으로서는 아이들에게 좋은 영향을 주지 못하고 있다 느껴졌다. 아이들과 함께 지낸 지 3달이 채 지나지 않았을 때 처음 다가온 넘어야 할 큰 산 이었다.

우리 가정 아이들은 모두 입소한지 최소 3년 이상이 지난 나의 가정 선배들이다. 나보다 그룹홈의 환경이나 운영에 대하여 잘 알아서 종종 내가 아이들에게 이 행사는 어떤 행사인지, 이곳은 어떤 곳인지, 이런 상황에서 원래는 어떻게 했는지 등 질문하고 답을 얻곤 했다. 그런 식으로 아이들에게 의지하는 경험이 쌓여서 일까? 내가 이 가정에서 해야하는 역할이 흐릿해지고 또 작아졌다는 느낌이 들었다.

한 아이의 눈에 보이는 거짓말에 작은 야단도 치지 못한 적이 많다. 내가 그렇게 유야무야 넘어가니 아이는 내가 근무하는 날이 되면 어김없이 이런저런 고통들에 대하여 늘어놓으며 학교나 학원을 빠져대기 일쑤였다. 그 모습을 바라보는 것 자체가 나에게는 고통이고 스트레스였으나, 우울증을 깊이 앓고 있는 아이가 호소하는 신체적 고통을 모른 체 하고 호통을 치는 것이 아이에겐 또 상처가 될까 봐 두려웠다.

나 때문에 스트레스받아서 우울증이 더욱 깊어졌다고 원망할 것만 같았다. 지금 생각하면 참 어리석고 바보 같지만, 이런 상황을 만드는 아동을 대하는 게 점점 어려워지고 있었다. 그렇게 또 훈육을 회피하는 상황이 생겨났고, 내가 회피한 그 훈육을 다음 교대 선생님이 해야 하는 상황이 심심치 않게 벌어진 것이다. 그 사실을 깨닫게 되고 나서 괴로웠다. 피해를 주고 싶지 않아서 그냥 그 상황을 내 선에서 무마 시키는 게 나의 최선이라고 생각했는데 아니었다.

아이를 바르고 건강한 어른으로 성장시켜야 하는 어떠한 임무를 부여받은 나에게 이것은 나만의 문제가 아니었다. 아이가 곧게 뻗은 나무가 되어가길 바라고 있으면서도 시간에 맞춰 물만 주고 있을 뿐이었지, 바른 방향으로 자라게 가지치기를 하지 않았고 곪아가고 있는 부분을 보면서도 그저 시간이 흐르면 괜찮아지겠지 하는 마음에 정리해 주지 못하고 있었다.

그 시기에 시설장님과 고충을 나눌 수 있는 시간이 생겼다. 아무리 고민해도 마땅한 답이 나오지 않던 이야기를 물어보았고 시설장님에게서 명쾌한 답을 얻을 수 있었다. 여러가지 이야기를 나누었지만 나에게 가장 인상 깊었던 말은 바로 "그냥 사랑해 버리면 돼!"였다. 짧은 문장이었지만 그 대답으로 나는 내가 잡아야 할 중심이 무엇인지 깨달을 수 있게 되었다.

  그 이후로 아이들을 대하는게 놀랍도록 많이 편해졌다. 버릇없이 구는 것도, 가정의 규칙을 어길 때나 불성실한 태도로 일관하는 것 마저도 그냥 사랑해버리기로 했다. 그랬더니 카리스마있게 야단을 쳐야 한다는 부담감이 사라졌고, 그저 '쌤'으로서 아이에게 바라는 점과 그 이유에 대해 설명하기 시작했다. 그 안에는 사랑을 최대한 많이 눌러 담기 위해 노력했다. 내가 걱정했던 것 과는 다르게 아이들은 나의 말에 반발하지 않았고, 쉽게 수긍하고 또 받아들였다.

  맞다. 나를 힘들게 하고, 나에게 계속 고민과 걱정을 던져주는 것마저 그냥 사랑해버리면 된다. 그렇다면 내가 아이에게 해 줄 수 있는 '사랑'이란 뭘까? 그 고민에 대한 나의 해답이 아이들과 함께 지난 1년을 보낸 후 얻은 나의 성과다. 아이들이 길을 잃지 않고 곧게 나아갈 수 있도록 부표가 되어주는 것, 아이들을 편견 없이 바라보며 애틋해하는 것, 아이들이 어디서든 기죽지 않고 당당히 서 있을 수 있도록 지탱하는 힘이 되어주는 것들이다. 이런 것은 칭찬과 입에 발린 소리로만 쌓아갈 수 있는 것이 아니다. 쉽게 쌓아 올려진 것은 쉽게 무너진다. 언제든 아이들이 잘못된 방향으로 나아갈 때 그것을 지체 없이 지적하고 옳은 방향으로 틀어주어야 하는게 나의 역할인 것이다.

  아이들을 지켜볼 때 가장 안타까운 점은 본인의 잘못을 들키면 그걸로 인해 미움을 받을 것이라고 생각하여 잘못을 감춘다. 하지만 아이들과 살아보니 내가 어렸을 적 부모님에게 했던 거짓말들이 전부 생각난다. 머쓱해질 정도로 눈에 보이는 거짓말들이다. 한편으론 답답한 마음이 들지만 또 다른 한편으로는 안쓰럽다. 어른들의 온전한 사랑을 받고 자랐어야 할 아이들이 그러지 못해 평범한 상황에도 지레 겁을 먹는 것이다. 아이들이 본인이 얼마나 존엄한 존재인지 알고, 그 존엄은 타자에게 훼손되지 않는다는 것을 알게 해주고 싶다. 좌절과 실패가 존재의 부정이 아니라는 것을 깨닫고 본인을 그 자체로 존중하며 자신의 의견을 당당하게 낼 수 있었으면 좋겠다. 존재 가치에 대하여 스스로 깨닫고, 가정의 교사들 모두가 언제든 의지하고 기댈 수 있는 하나의 안전망이라고 여겨주었으면 한다. 거짓말을 하지 않아도 있는 그대로 인정받을 수 있는 사람이라고 생각하기를 바란다.

여전히 아이들에게 쓴소리를 해야 하는 상황이 오면 어떤 식으로 말을 해줘야 아이가 오해없이 잘 알아들을 수 있을지 많이 고민한다. 그러나 아이들에게서 느끼는 모든 사랑, 감사, 행복들은 물론이고 답답함, 화남 등 부정적인 감정이라 할지라도 다 사랑하는 마음에서 온다는 것을 이제는 안다. 한참 눈물바다를 만들고 나서도 다음날이면 교사 방 침대에 누워 애교를 부리고, 외출해서 돌아오면 어깨에 머리를 비비며 인사를 하는 것을 보면 아이들도 조금은 알고 있는 것 같다. 나는 아직 많이도 부족하지만, 아이들과 사랑으로 신뢰를 쌓아 올리는 과정 속에 있다고 생각한다.

좋은 사람, 바른 인성을 가진 성인으로 성장하여 건강한 자립을 할 수 있는 아이들이 될 수 있도록 내가 할 수 있는 가장 중요한 일은 무엇인지 여러 번 생각 해본다. 아무리 고민해 봐도 역시 제일 좋은 방법은 부지런히 '사랑해버리기'다. 요즘 많이 쓰이는 'love wins all' 이라는 말이 있다. 내가 주는 사랑이 아이들 앞에 놓인 고난과 역경들을 버텨내고 이겨낼 수 있는 힘에 조금이라도 보탬이 되길 바란다.

미래를 여는 청소년

이지환

건강한 사회구성원으로의 성장

현대 사회에서 청소년은 미래의 주역으로서 중요한 역할을 맡고 있다. 청소년이 '독립'하는 것은 매우 중요하다. 독립이란 혼자 일어서는 것으로, 스스로의 결정과 행동에 책임을 지는 것을 의미한다. 스스로 결정하고 책임을 다하기 위해서, 청소년에게는 자율적으로 문제를 해결하는 능력을 키우는 과정이 필요하다. 이 때 교사의 역할은 청소년이 독립적으로 생각하고 행동할 수 있도록 다양한 기회를 제공하고, 본인의 선택에 대해 성찰할 수 있도록 이끄는 것이다. 이를 통해 청소년은 자신의 의견과 가치관을 정해서 목표를 세울 수 있으며, 자신감도 가질 수 있는 것이다. 청소년들이 건강한 사회구성원으로 성장하여 자립하기 위해서는 네 가지의 핵심적인 요소가 있다. 내가 생각하는 것은 '도전', '책임감', '목표', '함께하는 삶'이 그것이다.

첫째, '도전'은 청소년이 자신의 한계를 경험하고 성장하는 데 있어서 중요한 요소이다. 지속적으로 새로운 경험에 노출되면서 자아를 발견하고 스스로의 가능성을 인식하는 기회를 제공하기 때문이다. 또한, 그 과정에서 실패를 두려워하지 않게 되고, 보다 더 자신감을 얻게 된다.

둘째, '책임감'은 사회 구성원으로서 필수적인 가치이다. 타인과의 관계를 회피하지 않고 스스로 맡은 바를 인식, 수행하여 속한 공동체에 기여해야만 건강한 사회가 형성되기 때문이다. 이를 위해서는 청소년 본인이 행동의 결과에 대해 고민하고, 그에 대한 책임을 지는 경험이 필요하다. 청소년의 주변 사람이나 친구들과의 관계, 원가정과의 관계 또한 마찬가지다. 교사는 청소년이 사회적 책임을 느낄 수 있도록 다양한 프로그램을 제공하고, 실제 사례를 통해 책임감에 대한 중요성을 알려주어야 한다.

그리고 '목표'와 '함께하는 삶'은 청소년의 성장에 있어서 매우 중요한 요소다. 청소년이 주인의식을 가지고 목표를 향해 나아가는 것은 스스로의 성장에 있어서 아주 중요하며, 동시에 서로 협력하는 관계를 형성하여 목표를 성취하는 과정을 통해 진정한 협력의 가치, 즉 공동체 의식을 느낄 수 있다. 이를 통해 청소년에게 즐거움과 성취감을 안겨준다. 결국 청소년이 건강한 사회구성원으로 성장하여 자립하기 위해서는 '도전', '책임감', '목표', '함께하는 삶'의 가치가 모두 어우러져 청소년의 양분이 되어야 한다. 교사가 이를 위해 청소년을 지지하고 격려한다면, 청소년이 더욱 건강하고 행복한 삶을 향유하기 위한 발판을 마련할 수 있을 것이다.

아이들을 건강한 사회구성원으로 성장시키기 위해서, 우리 교사들은 상기한 요소들이 청소년에게 잘 녹아들도록 보조함과 동시에 자립을 앞둔 청소년들에게는 자립에 필요한 교육 및 의식주에 대한 역량을 중점으로 자리를 마련하여 분기별로 운영할 수 있도록 해야 할 것이다.

다양한 경험을 위한 교사의 역할

청소년기란 인생의 중요한 전환점으로, 성장 과정에서 다양한 경험을 통해 사회적 안목을 기르고 자아를 발견하여, 독립에 대한 의지가 생성되는 중요한 시기다. 다양한 경험이란 단순한 일상 활동에서부터 다양한 문화생활이나 체험활동 등까지 그 범위가 굉장히 광범위하다. 이 때, 교사는 청소년이 다양한 경험을 할 기회를 가질 수 있도록 돕는 중요한 역할을 한다. 교사는 청소년이 참여할 수 있는 프로그램을 계획함으로써 청소년이 다양한 배경이나 관점을 가진 사람들과 소통하고 서로의 경험을 나눌 수 있는 소통의 장을 마련해주기 때문이다. 이를 통해 청소년은 더 넓은 시각으로 세상을 바라볼 수 있고, 자신이 자립하게 될 사회에 대해 보다 깊이 이해하게 된다.

청소년이 다양한 경험을 통해 성장할 수 있는 환경을 조성하는 것은 미래에 긍정적인 영향을 미칠 뿐만 아니라 지역사회에도 좋은 결과를 가져오게 된다. 경험이 쌓여가면서 청소년은 문제 해결 능력, 사고력, 사회적 책임감에 대해 느끼게 된다. 따라서 사회복지시설의 교사로서 청소년에게 풍부한 경험을 제공하고 스스로 가능성을 발견하도록 돕는 것은 매우 중요하다. 교사가 지속적인 지원과 기회를 제공하는 것이야말로 청소년이 건강한 성인으로 성장하여 독립하는 데 큰 계기가 되기 때문이다.

  따라서 교사는 청소년에게 장래희망에 대한 직업체험 기회를 제공하여 직장환경은 어떤 곳인지 경험을 쌓게 하고, 자신의 관심 분야를 탐색할 수 있도록 해야 한다. 또한 기존 진행하는 멘토링 시스템을 지속적으로 활용하여 경험이 풍부한 멘토에게 실질적인 조언과 지원을 받게 하고 다양한 분야에서 도움을 받을 수 있도록 지원해야 한다. 청소년이 실질적으로, 또 안정적으로 자립하도록 도울 수 있는 교육 시스템을 마련하는 것이 핵심이다.

  건강한 몸, 건강한 마음: 긍정적인 삶의 기반

  청소년기는 한참 성장하는 중요한 시기로, 이 시기에 경험하는 다양한 요소들이 이후의 삶에 큰 영향을 미친다. 청소년들의 온전한 독립을 위해서는 신체적인 건강과 정신적인 건강이 필수적이다. 건강한 몸은 단순히 생존을 넘어서 에너지를 주고 집중력과 스트레스 해소에도 도움이 되기 때문이다.

  먼저 온전한 독립에 있어 기초가 되는 요소는 체력이다. 체력이 뛰어난 청소년은 일상에서 더 많은 활동을 할 수 있으며, 이는 자신감과 성취감, 즉 긍정적인 마인드를 형성할 수 있도록 도움을 준다. 청소년들은 학업, 인간관계, 진로 선택 등의 다양한 방면에서 어려움에 직면하게 되기 때문에 이에 대한 불안감과 우울함이 생기기 마련이다. 이러한 불안요소들을 달리기, 자전거 타기, 스포츠와 같은 즐거운 신체 활동을 통해 체력을 소모하여 쓸모없는 감정 소비를 줄이고, 스트레스를 잘 컨트롤하여 긍정적인 마인드를 형성하도록 한다. 이렇게 스스로 불안 요소를 극복한 청소년은 더 이상 독립을 두려워하지 않고, 나아가 적극적으로 독립하여 본인이 가진 목표를 이루기 위해 스스로 행동할 수 있는 마음가짐을 지니게 된다.

따라서 청소년들이 건강한 삶을 향유함과 동시에 본인의 체력 증진을 위해 자유롭게 활동할 수 있도록 다양한 지원과 기회를 제공할 필요가 있다. 건강한 청소년이 건강한 사회를 만들고 더 나아가 밝은 미래를 여는데 중요한 역할을 할 것이다.

방황하는 마음에 따뜻한 위로를

김제영

　사회적 약자에게 오늘보다 나은 내일을 살아갈 수 있도록 도와주시는 분들에게 큰 감명을 받았고, 그 길을 따라 걷고 싶었습니다. 그렇게 사회복지가 되었고, 2024년 2월 (사)들꽃청소년세상 한신예수가정에 입사하였습니다. 처음으로 다가온 아동의 이름은 김○훈입니다. 외소한 체격, 긴장한 표정, 유독 쭈뼛거리며 불신이 가득 찬 표정으로 인사하는 짓는 ○훈이를 보며 '아동이 기댈 수 있는 든든한 버팀목이 되어주자' 마음 속으로 굳게 다짐했습니다.

　○훈이는 관심과 사랑이 많이 필요한 아동이었습니다. 초등학교 5학년 짧은 인생 동안 너무나도 많이 넘어져서 마음에 상처가 가득했기 때문입니다.

　　　　"선생님 저한테 잘해주지 않아도 돼요"

　버려지고 거절당하는 게 두려워 아동이 가장 먼저 말한 한마디입니다. 이 한마디가 제게 너무나도 큰 충격으로 다가왔습니다. 얼마나 많은 좌절을 겪고 응어리가 져 그러한 말을 했을까요? 아동에게 감히 어떤 환경이 있어서 그렇게 방어적인 태도를 만들었을까요? 아동의 아픔과 상처가 저에게 너무나도 큰 산처럼 무겁게 다가왔습니다.

　○훈이의 마음속 상처는 한신예수가정 입소 생활을 하며 여실히 드러났습니다. 당면한 상황을 모면하고자 거짓말하는 습관이 아동 생활 전반에 깊게 파고들어, 어떻게든 빠져나가려는 얕은 거짓말, 말도 안 되는 거짓말을 꼬리가 꼬리를 물고 이어져 드러났습니다. 바깥 놀이를 하면서 시간약속을 지키지 않거나, 형들의 생활지도에 대해서 반항심을 가지고 말대답하는 모습이 일상입니다.

　어느 순간부터 교사에게도 함부로 행동하기 시작했습니다. 입사하고 2개월에서 3개월 정도 지났을 무렵입니다. 성격이 부드러운, 어떻게 보면 카리스마가 없는 저에게 차츰 예의 없는 태도를 보였는데요, 서슴없이 행동하는 것은 물론이고, 감정이 고조되었을 때 제 몸을 터치하는(!) 못된 행동을 망설임 없이 하였기 때문입니다. ADHD와 적대적 반항장애 진단을 받은 아동의 아픔은 생각보다 훨씬 더 크고 거대했습니다.

　방황하는 사람이 모두 길을 잃은 것은 아닙니다. ○훈이가 돌발행동으로 문제 상황을 겪는 것을 지도할 때마다, 당혹스러움과 동시에 아동 인생에 있어서 걸어온 험난한 길이 동시에 스쳐 지나갑니다. 넘어져 본 사람이 넘어진 사람의 마음을 더 잘 알기에, '나와 같은 아픔을 겪고 있는 사람을 도와주고 싶다는 강렬한 소망으로, 방황하는 아동을 진심을 다해 양육하였습니다. 거짓말은 오히려 사건을 더 키울 뿐 본인에게 아무런 득이 되지 않음을, 잘못의 책임은 절대 없어지지 않으며 스스로 마이너스 되는 요소임을 명백하게 전달하고, 습관의 유혹을 신속히 뿌리칠 것을 엄중한 목소리로 지도하였습니다. 풀이 죽은 ○훈이에게 가정의 규칙을 지키고 바르게 따른다면 문제 상황에 처하는 빈도가 차츰 줄어들 것임을 항상 강조하였습니다.

저의 진심 어린 조언이 닿았던 걸까요, ○훈이가 조금씩 긍정적으로 변화하였습니다. 닫혀진 ○훈이의 마음의 열기 위해서 가정과 사회의 규칙을 따르는 게 얼마나 유용하고 중요한지를 다소 해학적으로 설명하였고, 솔선수범과 배려를 보여주며 적응을 유도하였습니다. 저의 노력에 부응하듯 ○훈이는 조금씩 바른 생활을 따르기 시작하였고, 향후 나아진 모습으로 가정 구성원을 배려하는 모습을 보여 모두를 놀라게 하였습니다. 이 변화가 진행하는 과정에서 신입 사회복지사인 저에게는, 책임을 다했다는 성취감과, 아동을 바르게 양육해 간다는 자신감을 얻었습니다.

아직 나아갈 길은 많이 남아있습니다. 외출하면 지역사회에서 크고 작은 사고를 치고 귀가하는 게 아직은 일상이기 때문입니다. 하지만 아주 천천히, 아주 조금씩 긍정적으로 변화하는 아동이 정말 다행스럽고 좋습니다. 하루아침에 바뀌는 것이 아닌, 장기적인 양육의 관점에서 바라보고 힘이 되어줍니다. 항상 아동 눈높이에서 맞춰서 설명하고, 장난을 같이 쳐줍니다. 저와 있을 때 가장 편안하다고 말하는 ○훈이에게 밝은 내일을 선물해 주고자 하는 것이 저의 가장 큰 바람입니다.

저의 꿈은 ○훈이가 멋진 사회인으로 성장하여, 건강한 자립을 보는 것입니다. 꿈은 꾸는 것도 중요하지만 그것을 이루기 위해 노력하는 것이 더욱 중요하다고 생각합니다. 하루하루를 바르고 건강하게 아동을 아껴주고 사랑할 것입니다. 그리고 전문적인 지식을 배워 사회복지 전문가가 되어야 한다는 필요성을 크게 느꼈습니다. 함께 성장하는 마음가짐으로, 사회복지사로서 꾸준한 열정을 가지고 아동의 멋진 디딤돌이 되어 주리라 다짐한 하루입니다.

자립의 의미란 뭘까?

김승민

비 오는 날, 창밖에 떨어지는 빗방울은 마치 마음속의 불안과 걱정을 대신하는 듯하다. 그들은 땅에 떨어져 흩어지며, 각자의 길을 찾아 흘러간다. 그렇게 비가 내리는 오늘, 나는 그룹홈에서 자립을 준비하는 아이들과의 상담을 떠올린다. 아이들은 각자 다른 사연을 품고 있지만, 공통적으로는 자립을 준비하면서 미래에 대한 두려움과 희망을 지니고 있다. 그러나 그들의 눈빛에는 자립의 무게를 가볍게 여기려는 경향이 엿보인다.

부모님이 이혼한 후, 나는 5살부터 그룹홈에서 자라며 자립의 의미를 깨달았다. 그 과정은 결코 쉽지 않았다. '누구나 혼자서는 길을 잃을 수 있다'는 말처럼, 때로는 방향을 잃기도 했고, 고민의 깊이는 한없이 깊었다. 하지만 그 속에서 나는 스스로를 발견했고, 자립의 힘을 깨닫게 되었다.

현재 내가 일하고 있는 가정에는 자립을 앞둔 아동이 네 명 있다. 그들은 나에게서 자립의 선배로서의 조언을 구하지만, 가끔은 그들이 자립을 너무 단순하게 생각하는 것 같아 안타까운 마음이 든다. "돈은 이렇게 쓰는 것이고, 이건 꼭 해야 해"라고 말했을 때, 그들은 미소를 지으며 대충 흘려보내는 경우가 많다. 이 모습은 나에게 깊은 고민을 안겨준다. 과연 이 아이들이 세상 밖으로 나갔을 때, 건강하게 자립할 수 있을까?

비는 여전히 내리고, 나는 창가에 앉아 그들을 바라본다. 그들의 미래는 마치 흐르는 물과 같다. 하지만 그 물이 건강하게 흐르기 위해서는 적절한 방향과 깊이를 가져야 한다. 나는 우리 아이들에게 자립의 중요성과 진정한 의미을 알려주고 싶다. 그들이 자신의 삶을 주도할 수 있는 능력을 키울 수 있도록 돕고 싶다. 하지만 어떤 방법이 효과적일까? 여러 경제 및 자립 관련 책을 참고하며 이야기를 나누려 해도, 여전히 그들에게 와닿지 않는 것 같다. 내 마음을 몰라주는 걸까.

이럴 때일수록 '그들의 눈높이에 맞춰야 한다'는 말이 떠오른다. 그들에게는 말로만 설명하기보다는 경험을 나누는 것이 더 효과적일 수 있다. 나의 자립 경험을 이야기하며, 내가 겪었던 어려움과 극복 과정을 공유한다면 그들이 느끼는 감정이 달라질지도 모른다. "비 오는 날에는 우산을 챙기는 것이 중요해. 인생에서도 마찬가지야. 너희가 나가면 비바람이 칠 수도 있어. 그럴 때 준비가 되어 있다면 두려워하지 않을 수 있어."라는 식으로 그들의 이해를 도울 수 있을 것이다.

그들이 스스로 사고하고 행동하는 능력을 길러주기 위해, 나는 일상 속 작은 경험들을 통해 가르쳐주고 싶다. 첫 번째로 하루의 일과 계획을 세우는 것이다. 아침에 일어났을 때 오늘 할 일을 간단하게 리스트로 정리하여 어떤 일을 먼저 할지, 시간은 어떻게 배분할지 스스로 생각하며 계획을 세워보는 것이다. 아침에 계획을 세우는 것이 힘들다면 전날 저녁에 세우는 것도 괜찮다. 두 번째로 타인의 의견을 듣고, 스스로 결정하는 능력을 기르는 것이다. 친구나 선생님과 대화를 나누다가 의견이 갈릴 때, 내 의견만 주장하는 게 아닌 상대방의 의견까지 듣고 나서 최종 결정을 스스로 내리는 것이다. 타인의 의견도 듣고 반영하되, 자신이 어떤 선택을 할지 결정하는 것이 자신의 취향과 판단을 더 확실하게 알게 되는 기회가 될 수 있다고 생각한다. 마지막 세 번째는 자기반성 시간을 가지는 것이다. 자신의 행동이나 사고방식을 돌아보고, 그것이 어떻게 발전할 수 있는지 반성하는 습관을 기르면 자기반성을 통해 자신의 행동에 대한 책임을 져야 한다는 것을 깨닫게 되고 더 나은 결정과 잘못된 방향으로 나아가지 않도록 도와준다. 이런 과정이 그들에게 자립의 소중함을 느끼게 해줄 수 있을 것이라 믿는다.

　결국 자립이란 단순히 경제적인 독립을 넘어, 자신의 삶을 책임지고 주도할 수 있는 능력이다. 비 오는 날의 차가운 공기 속에서도, 나는 이 아이들이 건강하게 자립할 수 있도록 할 수 있는 방법을 계속 고민할 것이다. 그들이 밝은 미래를 향해 나아갈 수 있도록, 나는 계속해서 그들과 함께 걸어가고 싶다.

　비가 그치고 나면, 다시 맑은 하늘로 갤 것이다. 그때, 우리 아이들이 자립의 길을 걸으며 빛나는 꿈을 이룰 수 있기를 바란다.

일상 속 청소년의 자립역량강화

허유리

  2024년 새로운 한 해가 시작되고 초등학생이었던 아이들 2명이 중학생이 되었다. 초등학교에서 중학교로 올라갔다고 며칠 사이에 의젓해진 모습을 보여주어 낯선 감정이 들었다. 올해는 아이들이 자립할 때 중요한 역량 중 하나인 식사준비를 위해 직접 요리를 해보는 경험을 쌓기 위해 자립역량강화 프로그램을 진행하였다. 요리에 관심을 가진다면 자립 후 밖에서 사 먹는 것보다 직접 요리를 해서 건강하게 식사하고 자신을 관리하는 것을 목표로 삼고본 프로그램을 계획하였다. 아이들이 평소에 먹고 싶었던 음식이나 세계 여러 나라 음식, 요즘 유행하는 음식 등 원하는 요리를 알아보는 것부터 직접 식재료를 구입해서 요리하고 뒷정리를 하는 것까지 전체 과정을 프로그램에 넣어 진행하였다.

  프로그램 첫 회기 때, "어떤 요리를 해보고 싶어?"라는 말에 "모르겠어요", "뭐 만들어요?", "저희가 직접 해요?"라는 질문들을 받았다. 순간 '아차!' 싶었다. 관심이 없었던 분야였으니 잘 모를 수 있겠다는 생각에 요리에 대해 짧은 이야기를 나눴다. "먹고 싶었던 음식", "만들어 보고 싶었던 요리가 무엇이 있을까?" 하니 마라탕, 탕후루 등 요즘 유행하는 요리들이 나왔다. 요리 방법을 찾아보니 생각보다 많은 재료가 들고 레시피가 복잡해서 처음 요리를 접하는 아이들에게 어려운 요리라는 판단이 들었다. 처음 해보는 요리니, 아이들이 스스로 요리를 완성했다는 성취감을 느끼게 해주고 싶었다. 아이들이 이야기한 요리 중 만들기 쉬운 음식 위주로 메뉴를 선택했다.

요리하기 위해 직접 마트에 가서 요즘 식재료의 물가를 확인하는 시간을 가졌다. 주어진 금액 안에서 요리에 필요한 재료를 구입해보도록 하였다. 이때 아이들의 반응이 다양했다. "원래 이게 이렇게 비싸요?", "이렇게 많이 필요할까요?" 아이들은 음식에 얼마큼 양이 들어가야 하는지, 재료가 가격대가 어느 정도가 적당한지 잘 모르고 있었다. 레시피를 확인하며 어느 정도 필요한지 이 정도는 몇 인분, 크기는 어느 정도로 자르고 요리하면 얼마만큼의 양이 되는지도 세세히 알려주었다. 다회용 장바구니를 이용해 일회용품, 비닐의 사용을 줄이는 방법을 실천해 보기도 하였다.

요리를 시작하며 어떤 조리도구가 필요한지 또, 재료 손질을 어떻게 해야 하는지를 찾아보고 직접 해보도록 했다. 주방은 불과 칼 등 위험한 도구들이 많아 안전에 꼭 주의하도록 신신당부를 하였고, 지속적으로 확인하였다. 칼을 잡는 방법, 음식을 할 때의 불 조절 등 놓치기 쉬운 부분, 세세한 부분까지 반복적으로 확인하였다. 교사의 도움이 살짝 필요하긴 했지만 아이들은 혼자 해보겠다는 의지가 불타올랐다.

직접 해본 요리를 마무리하며 함께 나눠 먹어보는 시간을 가지고, 요리를 해준 사람에게 고마움을 표현하는 시간을 갖고, 요리를 한 사람은 오늘 요리를 하며 어떤 마음을 가지고 맛있게 먹어주는 가족들에게 어떤 감정을 느끼는지 이야기 나눠보는 시간을 가졌다. 평소 좋아하는 음식 위주로 먹는 아이들이 많았는데 직접 요리를 해보니 더 맛있게 느껴진다는 아이들, 선생님이 아닌 언니, 동생들이 만들어 주니 새롭기도 하다며 칭찬과 웃음이 끊이질 않는 식사시간이었다.

식사를 마친 뒤 다 같이 뒷정리하는 시간을 가졌다. 요리를 직접 만들어 보는 것도 좋지만 주방에서의 위생관리도 중요하다는 것을 알려주었다. 요리과정 중 음식물이 튄 곳을 바로 닦아내고, 바로바로 처리하지 않으면 나중에 생길 수 있는 문제를 알려주기도 하였다. 아이들이 자립해서 혼자 살 때 꼭 필요하고 알고 있어야 할 내용이라고 생각하여 더 확실하고 꼼꼼하게 뒷정리에 대해 알려주었다. 이 프로그램은 총 4회기로 구성되었고, 이제 1회기만 남겨두고 있다.

아이들은 경기지부 청소년운영위원회에서 개최한 요리경연대회에 참여했다. 대회에서는 오직 아이들만 참여할 수 있어서 지금까지의 요리 실력을 뽐낼 수 있는 기회가 되었다, 아이들은 서로 협력해서 요리를 완성하였고 총 6개 팀 중 3등을 차지하였다. 자립역량강화 프로그램을 통해 요리에 관심과 흥미를 가질 수 있었고, 요리경연대회에서 3등이라는 성취경험을 가지게 되었다. 아이들에게 음식 또는 요리에 대한 좋은 기억이 생기게 된 것 같아 교사로서도 아이들이 성장에 성취감이 느껴졌다.

아이들에게 필요한 다양한 자립기술이 있지만 식재료 선택, 도구 선택, 안전에 대한 조심성, 조리법을 바로 아는 것, 요리 후 식사 및 뒷마무리하는 것까지 전체 과정을 배우는 새로운 경험이 아이들의 다른 생활 습관 형성에도 좋은 영향을 미칠 것으로 생각된다. 이렇게 자신의 삶을 스스로 챙기고 돌보는 습관은 아이들의 자립 이후의 삶까지도 이어진다. 자신의 식사를 차리기도 하고 때때로 친구나 주변 사람을 초대해 음식을 대접하기도 하면서 자기 자신의 삶을 지켜나갈 수 있을 것이다. 또 다른 사람과 함께 음식을 먹는다는 건 나눔의 기쁨과 즐거움을 알고 있고 나눌 수 있다는 것인데 이 마음은 아이들이 자립준비청년으로 살면서 은둔하거나 고립되지 않게 아이들을 지켜줄 것이고, 스스로의 삶을 건강하게 만드는 기초가 될 것이다.

아무것도 몰라요

이윤희

　올해 우리 가정에는 고등입학을 목전에 둔 중학생, 진로의 갈림길에 서 있는 고등학생, 치열한 대학 입시를 마주하게 될 고등학생, 취업을 코앞에 두고 있는 고등학생과 대학생들 총 6명의 아이들이 북적이며 살고 있다. 한 명 한 명 각기 다른 개성을 가진 아이들이 한데 모여 재잘거리며 한시도 쉬지 않고 이야기하는 모습이 마치 참새 같아 귀엽기도 하며 어쩜 하고 싶은 이야기가 저렇게나 많을까 신기할 때도 많다.

　이날 역시 여느 날과 다를 것 없이 아이들은 자신의 이야기를 조금이라도 더 들어달라며 서로 앞다퉈 이야기하던 날이었다. 문득 올해는 어떤 프로그램을 해야 하나 생각이 들어 아이들에게 올해 프로그램으로 하고 싶은 것이 있는지 물었다. 순간 일대가 정전이라도 된 것처럼 정신없이 재잘대던 아이들의 입이 꾹 다물어지며 조용해졌다. 교사가 어디를 가든 뒤를 졸졸 따라다니며 이야기하던 아이들의 입이 순식간에 딱 붙게 된 순간이었다. 그럼 내일 당장 하고 싶은 건? 이라고 물어도 침묵은 여전했다.

　침묵으로 일관하며 서로의 눈치만 보고 있던 아이들에게 나는 마지막으로 그럼 나중에 커서 뭐하고 싶어? 라고 물었고 아이들은 해맑은 얼굴로 '몰라요'라고 답했다.

　아이들은 웃으며 답을 했지만 나는 마냥 웃어넘길 수 없었다. 이후 그간 나눴던 대화들과 아이들끼리 나누는 대화들을 유심히 들어보며 며칠을 보냈던 것 같다. 그러면서 아이들의 말투와 행동에 공통된 특징이 있다는걸 알게 됐는데, '어떻게 해요?', '음….', '모르겠어요'와 같이 제 생각이나 입장을 묻는 말에 항상 수동적인 답을 한다는 것과 교사에게 의존하여 생활의 모든 것을 해결하려 한다는 것이다. 이게 시설 병(?)인걸까? 진로의 갈림길과 취업, 더 나아가 자립을 앞두고 있지만 내가 무엇을 하고 싶은지, 좋아하는 것과 싫어하는 것이 무엇인지도 모르는 채 그것들조차(심지어 꿈조차) 그저 어른들이 정해주길 바라는 것은 아닌가 걱정이 꼬리에 꼬리를 물었다.

　이 무렵이었던 것으로 기억한다. 인터넷에서 '꿈이 없는데 꿈을 묻는 어른들로 인해 스트레스받는 청소년들의 심리 상담'에 대한 글을 봤다. 꿈을 묻는 어른들은 나였고, 꿈이 없는 아이들은 우리 아이들이었다. 그래서 아이들이 이해됐고, 꿈을 묻는 어른들도 이해됐다.

　그래서 나는 무작정 꿈을 묻는 어른이 되기보다 꿈(진로)을 찾을 수 있도록 방향을 잡아주고자 했고, 이것을 올해 목표로 삼았다. 'step! up!' 자기 성장 프로그램을 계획했다. 공통된 4가지의 영역(봉사, 성적, 자격증취득, 꿈(진로) 찾기)을 정해주되, 영역별 목표는 아이들 각자가 설정하게끔 하였고, 기간은 1년으로 잡았다. 순서와 상관없이 영역을 도전해보면서 나 자신을 탐색해보기도 하고 스스로 해보는 법을 터득해보며 아이들 스스로 성장해나가길 바랐다.

 프로그램을 계획하고 실행한 지 반년이 조금 넘은 시점인 현재. 아이들은 제각기 목표를 향해 느리지만 한 걸음씩 열심히 내디디고 있다. 프로그램을 계획하면서 아이들이 금방 포기하진 않을까 반신반의했다. 그러나 차츰 시간이 지나면서 목표를 하나둘씩 달성해나가는 아이들의 모습이 그런 나를 반성하게 했다. 목표 달성을 통해 그것이 주는 재미를 찾고 다음은 어떤 것에 도전해볼까 수없이 고민하며 머리를 감싸 쥐는 아이들의 모습이 어른들이 정해주는 길이 아닌 자신이 좋아하는 것, 내가 잘하는 것과 못하는 것을 찾아보며 '나'에 대해 고민하는 모습으로 비춰줘 보기 좋았다. 나를 먼저 알아야 다음 단계로 나아갈 수 있다고 생각한다. 물론 아직 갈 길은 한참 남았다. 하지만 '어떻게 해요?'에서 '이렇게 하는게 맞아요?', 침묵의 '음…'에서 고민의 '음…'으로 '모르겠어요'에서 '찾아볼게요'로 바뀐 우리 아이들의 말들처럼 이러한 작은 변화들이 우리 아이들의 삶에서 누군가에게 의존해서 살아가는 삶이 아닌 능동적이고 주도적으로 살아갈 수 있도록 도움을 줄 수 있는 나침반이 되길 바란다.

오늘과 내일의 청년 사업의 의미

은효정

　시설에서 퇴소한 청년들이 설 자리가 없고, 홀로 사는 것도 매우 힘든 상황이니 다양한 정책들이 필요하고 지원을 확대해야 한다는 목소리가 몇 년 전부터 커지고 있다. 지원이 증가하고, 많은 자립준비청년들이 정책에 따른 혜택을 받고 있다. 다만, 대부분의 지원이 가장 필요할 것이라고 생각하는 경제적 지원, 취업 지원에 집중된다는 것은 약간 고민해볼 필요가 있는 부분이다. '재정'은 정말 모든 자립준비청년들에게 필요하고 중요한 요소임에 동의한다. 하지만 그만큼 또는 그 이상으로 중요한 것이 바로 '관계', '관계를 이어가는 힘', '돌봄체계'이다. 원가정에서 부모의 관심 혹은 무관심을 받으며 자란 청년들과 아동양육시설(혹은 생활시설)에서 자라 그곳을 퇴소한 청년들의 삶의 기반에는 정말 많은 차이가 존재한다. 사회에서, 직장에서, 또 인간관계에서 어려움을 겪을 때, 지지가 필요할 때, 기댈 원가정이 있다는 것, 그건 이제 막 세상에 나온 청년들에게 매우 큰 자원이다. 하지만 잠시 쉬어갈 안식처가 있는 원가정에서 자란 청년들과 달리, 자립준비청년들은 오로지 그 모든 삶의 무게를 혼자 짊어져야 한다.

　사회적으로 자립준비청년(이 용어가 생겨난 것은 채 4~5년이 되지 않는다)의 삶에 대한 관심이 증가하면서 많은 정책과 지원, 사업들도 함께 증가하였다. 정말 좋은 일이다. 사회가 이 청년들에게 무관심했던 지난날에 대한 보상인 것처럼 느껴지기도 했다. 그리고 실질적으로 필요한 부분들을 채워주는 사업들도 존재한다. 다만, 이 사업들이 마치 쏟아지는 소나기 마냥 퍼붓다가 사라질까 염려가 되는 건 기우일까. 사람들이 이 청년들에 대한 관심을 계속해서 가져주길 바라면서 한편으로는 이들에 대한 시선과 관심이 "불쌍"해서 가지는 일시적인 동정에 불과할까봐 걱정도 된다. 자립준비청년들의 자살, 은둔과 고립의 삶이 사회적 문제로 대두되면서 여러 모금단체에서는 이들의 삶을 다양한 매체를 통해 선전하고 모금운동을 진행하고 있다. 흔히들 말하는 빈곤 포르노의 당사자가 자립준비청년들이 되는 것 같아 겁이 나면서 다른 방법으로 사람들의 마음을 움직일 수는 없을까 고민하게 된다.

　그룹홈에서 근무하면서 만나는 청소년들. 이 청소년들을 자립준비청년이라는 이름으로 부르는 게 아직 어색한 것은 여전히 나와 관계하고 있고 연결되어있는 현재진행형 관계이기 때문이다. 구별된 다른 이름으로 부르기에는 여전히 우리는 서로를 서로의 이름으로 부르고 있다. 나와 함께 하는 청소년들이, 그룹홈에서 시설아동으로 살아가면서 겪는 빈곤의 그림자는 이들이 이곳을 떠나 자기 둥지를 만드는 과정에도 따라간다. 자립정착지원금이 몇 년 사이 2~3배가 되고, 자립수당이 월

50만원씩 주어 지지만 이들의 삶을 윤택하게 하는 그 무언가를 이루기에는 항상 부족하다. 많은 지원금을 받는 것처럼 느껴지지만, 여전히 시설을 퇴소한 청년들 중 생활고를 겪으며, 은둔하고 고립된 청년들이 존재하고, 여러 가지 어려움을 겪는 청년들이 삶을 겨우겨우 붙들고 있다. 참 의아한 건 다들 그렇게 살 것만 같지만, 비슷한 상황을 가지고 그룹홈을 떠난 청년들 속에서도 '보통의' 사람처럼 살아가는 청년들이 있다. 어떤 점이 다를까, 무엇이 이 자립준비청년이 '보통의 청년'처럼 살아갈 수 있도록 하는 걸까. 그 질문의 끝에 2024 오늘과 내일의 청년 사업이 시작되었다.

오늘과 내일의 청년 사업은 들꽃청소년세상 경기지부 법인 산하 시설에서 생활하는 보호연장아동과 10대 후반의 청소년을 대상으로 하는 사업이다. 일부 청소년은 정신적 어려움을 가지고 있고, 경계선 지능 아동으로 분류되기도 하고, 원가정이라고 부를 만한 지지체계가 존재하지 않는다. 사업에 참여한 실무자들(이하 '우리')이 사업에 참여하기를 제안 또는 설득하여 총 7명의 청년을 모았다. 이 사업을 수행하기 위해 우리가 택한 방법은 자신에 대한 글을 쓰고, 이 글을 토대로 자신만의 노래를 만들고, 자기 이야기를 연극 무대를 올리는 것이었다. 표면적으로 이 사업은 연극이라는 결과물을 만드는 것이 목표였다. 하지만 정말 우리가 의도하고 계획한 것은 단순히 '연극'을 올리는 것이 아니었음을 밝힌다.

사업을 수행하는 7~8개월 동안 청년들이 모든 활동에 적극적인 모습을 보인 것은 아니었다. 오히려 그 반대에 가깝다. 무기력하고 무관심한 태도로 활동에 참여하는 청년도 있었고, '심심해요', '피곤해요', '집에 가고 싶어요'를 반복적으로 말하며 교사와 함께하는 청년들의 기운까지 내려가게 만들기도 했다. 그렇지만 모든 청년에게서 나타나는 신기한 공통점은 모두 이 모임을 기다리고 빠지지 않겠다고 다짐하고 출석하는 일이었다. 그렇게 힘들어하면서도 누구의 강요를 받은 것도 아닌데 모든 청년이 시간에 맞춰 나와서 자기 자리를 지켰다. (미디어에서 요즘 청년세대는 MZ라고 불리며, 자기만 아는 이기적인 인간의 표상으로 그려지는데 이렇게 자기 시간을 할애해서 모임에 나온다는 사실이 참으로 놀랍다) 아직 서로 잘 몰라서 어색했던 공기가 사업의 중반을 넘어가면서 조금은 편해지는 계기가 있었다. 함께 인왕산 둘레길을 걸었던 워크샵을 기점으로 참여하는 청년들, 교사들 안에 공유할 수 있는 사건이 쌓여갔다.

청년들이 빈곤한 시대라고 한다. 경제적, 사회적, 관계적으로 모든 영역에서 지금의 청년세대는 빈곤을 마주하고 있다. 빈곤의 개념이 많이 달라지기는 했지만, 여전히 많은 사람들은 빈곤을 '경제적으로 매우 어려운 상황'이라고 정의 내린다. 사람마다 각자가 생각하는 부유함의 기준이 다르고, 빈곤하다고 느끼는 지점도 모두 다르다. 빈곤은 상대적이고 주관적이기 때문이다. 그룹홈을 퇴소한 청년들은 아르바이트도 하고 정기적인 급여를 받는 직장에 취업하기도 한다. 기본자원이 없긴 하지만 당장 살아갈 생활비가 해결되어 경제적 상황이 어느 정도 해소되었다고 본다면, 왜 여전히 사람들은 자립준비청년에게 지원이 필요하다고 할까. 왜 여전히 빈곤의 상태를 벗어나지 못한 것으로 보이는 가에 대해 고민한다. 그건 아마도, 비바람이 몰아쳤을 때 붙들고 매달려 있을 지푸라기가 존재하지 않기 때문이 아닌가 생각한다. 〈빈곤이 오고 있다〉[2])에서 저자는 '도움의 손길을 뻗쳐줄 수 있는 누군가가 있다면 그건 가난한 게 아니었다.'라고 말한다. 그렇다. 이것이 바로 우리 사업의 목적이고 의도이다. 우리는 오늘과 내일의 청년 사업을 통해 우리가 서로에게 이 '지푸라기' 역할을 하게 되는 것, 서로의 생존을 확인해주고 무심하게 메시지를 보낼 수 있는 관계를 만드는 것, 서로가 서로를 돌보아주는 상생의 관계를 만드는 것이 바로 우리의 사업의 숨겨진 의도였다.

앞서 말한 인왕산 둘레길을 걸으며 함께 만든 추억은 우리가 서로의 의지가 될 수 있는 존재임을 확인하는 시발점 역할을 했다. 그 뒤로 이어진 작곡 수업과 연극 수업을 진행하는 과정에서 청년들은 본인도 모르게 서로를 의지하고 있었고 이는 연극 무대를 준비하는 시간 속에 고스란히 드러났다. 유난히 더위가 심했던 올해 여름, 두 차례 연극공연을 마친 청년들은 비공식적으로 서로 연락하고 안부를 묻는 관계를 만들어냈다. 공연의 열기가 희미해져 갈 무렵 우리는 7명의 청년을 대상으로 개별 인터뷰를 진행했다. 사업에 참여하면서 청년들이 느낀 변화는 어떤 것이 있는지, 서로를 어떻게 생각하는지, 앞으로의 계획은 무엇인지에 대해 질문과 답변이 오갔다. 개인적으로 기억에 남는 건, 어떤 청년이 함께했던 다른 청년들을 '동료'라고 부르는 점이었다. 수업을 위해 만나서는 그렇게 많은 대화를 하는 것도 아닌데 어떻게 서로

---

[2]) 〈빈곤이 오고 있다〉, 신명호 지음, 개마고원

를 동료라고 부를 수 있을까? 우리가 볼 수 없었던 영역에서 청년들은 서로를 의지하고, 서로의 안부를 묻고, 서로를 배려하는 관계를 형성하고 있었다. 연극공연이라는 '위기'를 함께 넘어선 그들은 그들만의 연대를 형성했고, 함께 직면한 상황에 부딪히고 서로 격려하기도 하면서 관계가 촘촘하게 이어지고 있었다.

그룹홈을 퇴소하면 그 순간 청년들은 '홀로' 살아가면서 자기 삶을 책임지길 시작한다. 혼자 인 것 같지만 청년들에게는 이들을 지지할 교사가 있고, 함께 했던 청소년들(동생들, 형, 언니 등)이 있다. 또 오늘과 내일의 청년을 함께한 동료들이 남아 있을 것이다. 시설 퇴소 이후 모든 관계가 '뚝!'하고 단절되는 것은 아니다. 자립 직후에는 잘 되던 연락은 삶이 바빠서 조금씩 줄어들다가 힘든 시간이 끊이지 않고 밀어닥칠 때 서서히 사라진다. 힘들 때 더 연락을 잘할 것 같지만, 오히려 이 시간 동안 청년들은 세상에서 자신의 존재를 지워버릴 것처럼 숨어버린다. 그렇기에 청년들에게 다양한 관계가 필요하다. 한쪽이 끊어지면 다른 쪽에서 붙들어줄 수 있는 다양한 관계에서 오는 돌봄이 서로에게 필요하다. 오늘과 내일의 청년에 참여한 청년들은 서로의 삶을 붙잡아주고, 사는 것이 팍팍할 때 잠시 기댈 수 있는 관계가 되어줄 것이다. 이는 곧 자립준비청년들의 아주 소중한 자원이 될 것이다.

아동양육(생활)시설 퇴소 아동의 안정적 자립에 대한 관심이 높아지면서 2022년부터 이들에 대한 정책이 변경되었다. 아동양육(생활)시설에서 거주할 수 있는 연령이 만 24세로 증가했고, 이런 정책의 결과 그룹홈을 퇴소하는 청소년의 연령이 점점 높아지고 있다. 이들의 자립

시기가 그동안 너무 일렀다는 점을 생각하면 좋은 변화이다. 현재 경기지부 7개 그룹홈의 청소년 중 20세 이상 청소년의 비율이 35%(총 37명중 13명, 2024년 9월 기준)에 달한다. 전체 입소 인원의 3분의 1이나 되는 20세 이상 청소년들을 대상으로 우리는 어떤 것을 할 수 있을지 끊임없이 고민한다. 성인이 되었기 때문에 우리의 관심 밖에 두어도 되는 것은 아니다. 우리의 역할이 무엇인지 고민하며, 20세 이상 청소년들의 필요와 어려운 점을 발견하고 이를 해결하고 자립 이후의 삶을 대비할 무언가를 해나가야 한다.

오늘과 내일의 청년 사업 이후, 청년들은 생활모임을 이어가기로 했다. 두 달에 한번 만나 서로의 삶을 공유하고 안부를 묻는 관계를 지속적으로 해나가기로 청년들 전원이 동의했다. 어떤 프로그램으로 만나는 사이가 아닌, 스스로의 의지로 이어 나가는 이 생활모임은 서로의 안녕을 확인하면서 청년들의 은둔과 고립을 예방하고 그래서 자립 후의 삶에 대한 두려움을 조금이나마 덜어줄 안전장치가 될 것이다. 모두 같은 조건으로 그룹홈을 퇴소하고 혼자 살기를 시작하는 것처럼 보이겠지만, 이러한 안전한 사회적 관계를 무수히 가진 청년들은 위기의 순간을 무던하게 넘어갈 것이다. 그리고 오늘과 내일의 청년 사업의 성과가 나타나는 시점은 바로 사업이 끝난 바로 지금부터다.

아무도 가보지 않은 길

김희망

　나는 청소년들과 희로애락을 함께하는 생활교사 실무자이다.
　2년 전, 신입으로 들어와 1년도 되지 않은 채 육아휴직을 들어갔고 1년 3개월 동안 신생아에서 작은 사람으로 키워낸 후 다시 돌아왔다. 임신과 출산, 양육 과정을 통해서 사랑, 기쁨, 행복, 희생, 고통, 고단, 나약함, 후회, 자책 등 짧은 시간 동안 내가 알지 못하던 세상을 마주할 수 있었다. 그리고 출산 전과 출산 후에 인생을 바라보는 시각과 아주 작은 생명체에 대한 시선조차 변한 나를 알 수 있었다. 아이를 출산하고 나서 우리 아이들 먼저 생각이 났다. 사랑만 받고 또 받아도 부족한 그저 미안한 우리 아이들이 생각이 났다. 사랑만 받아도 모자란 아이들은 부모로부터 상처도 받으며 자랐다. 뱃속에서 아기를 낳고 키워보니 그 마음이 제일 아팠다.
　우리 아이들은 스스로 나 자신을 사랑하는 방법이 서툴다. 내가 무엇을 좋아하고 싫어하고, 어떤 일에 행복하고 고통이고, 원하고 원하지 않고, 나에 대해 잘 알지 못한다. 자신을 알아야 타인을 이해할 수 있고 타인과의 관계 역동 속에서도 자신에 대해 알아간다. 자기 자신과 자기의 감정을 분명히 알수록 지금 여기에 있는 것을 더 사랑할 수 있다.

  우리 아이들은 어린 시절에 부모의 품, 가정을 떠나 아동복지시설에서 군데군데 지냈고 성장하면서 누려야 했던 경험들이 부족했다. 그래서 나를 알아가는 시간조차 쉽지 않았을 것이다. 우리는 아이들이 건강과 행복 나아가 주도적으로 살아가도록 지지하지만 궁극적인 목적지는 청소년들의 건강한 '자립'이다. 우리 아이들이 안전하게 목적지까지 도착하려면 먼저 선행되어야 하는 것은 나를 알아가는 것이다. 그래서 우리들은 오롯이 청소년들과 힘든 일, 기쁜 일, 무엇이든 함께하기로 했다. 여름에는 나뭇잎 사이로 볕이 쏟아지고 매미소리만 들리는 정자나무에 앉아 아이스크림을 2개씩 먹으면서 힐링하기, 야심한 밤에는 아무도 가보지 않은 길을 골라가며 산책해 보기, 저녁을 먹고도 또 편의점 테라스에 앉아 컵라면을 사 먹기, 함께 서점에 가서 전공서적도 찾아보기, 생애 첫 콘서트 공연도 관람하기, 통금시간이 지나도록 귀가하지 않아 전전긍긍 속도 태워보기, 새벽까지 이어진 깊은 대화를 하며 눈시울을 붉히기도 하면서 지냈다. 요즘에는 하루 멀다 하고 아이들 간에 불화가 생기는 일도 잦았다. 문제를 해결하는 것보다 우선이 되어야 하는 건 나의 감정을 파악하는 것이다. 현재 어떤 감정인지, 이 감정은 어디서 나타났는지, 최선의 선택은 어떤 것들인지, 인지하고 있는 것과 인지를 못하고 있는 것은 내 감정을 조절할 때 중요한 역할이 되기 때문이다. 이렇게 우리 아이들은 아주 조금씩 다듬어지고 세상에 홀로 나가 어른이 되어갈 준비를 한다.

우리는 아동 사례관리 월별 정기상담을 통해 욕구 파악을 진행하고 있다. 정기상담을 통해서 중학생은 학습량이 부족하여 멘토링 수업을 통해 학습 능력을 향상시키는 것을 목표로 주 2회씩 공부를 한다. 평일에는 지역아동센터를 다니고 있는데 당근과 채찍을 골고루 섞어가며 주는 것이 여간 쉬운 일이 아니다. 고등학생들도 학습량이 부족한 아이들도 학습 멘토링 수업을 통해 학습 능력을 높여주고 스마일게이트 기업으로부터 후원받아 PT, 크로스핏, 복싱 등 아이들이 원하는 운동도 할 수 있도록 지원하고 있다. 고등학교 3학년 아이들은 자립과 더불어 진학과 취업을 앞두고 있어 자립준비 프로그램을 2년 동안 참여하여 자립에 대해 가까워지려고 노력하였고 전반적인 자립 교육을 배울 수 있었다. 우리는 아이들의 공적자원과 민적자원을 아끼지 않으며 유관기관을 통해 연계되어 후원을 받기도 한다. 일상에서 노력하고 나면 꿀같은 보상이 주어진다. 여행을 좋아하는 아이들은 프로그램 회의에 모두 참여하여 목적에 맞는 프로그램을 향해 합동하여 그려나간다. 여행은 아이들에게 선택과 집중을 할 수 있게 도와주며 다채롭고 가득한 추억으로 그려나갈 것이다. 생각하지도 못한 풍경에서 오는 감동은 잊지 못하는 순간이 되고 대자연 앞에서는 숙연해질 수 밖에 없다. 여행을 통해 단순 즐거움만 찾는 게 아니며 여행에서 얻는 힘은 사실 엄청나다.

아이들은 부모의 품 대신 아동복지시설에서 보호 대상 아동으로 지내다 어엿한 사회 구성원이 되기 위해 홀로서기를 준비한다. 하지만 성인이 됐다고 바로 자립하는 것은 어렵고 매우 고단할 수 있다. 세상에 나오기 전에 '나'를 찾고 그다음의 과업으로 넘어가야 비로소 건강한 자립을 할 수 있다. 단순히 자립을 독립 하나로만 보지 않고 스스로 살아갈 수 있도록 정서적 지원, 경제적 지원, 환경, 특수한 상황에서 어려움을 겪을 수 있는 자립지원을 면밀하게 파악하는 것이 중요하다. 청소년들에 따른 개별 자립 지원 시스템을 구축하며 건강한 사회 구성원으로서 더불어 살아갈 수 있도록 돕는 것이 우리가 해야 하는 일이다.

생각해 보면 나의 20대도 늘 불안했었고 채운다고 채웠지만 구멍이 많았다. 시작한 일에는 금방 싫증이 났고 자유로웠지만 위태로웠고, 빛났지만 보이지 않는 어둠이었다. 그렇다 할지라도 정해지지 않은 것이 희망이고 나아갈 수 있는 힘이길! 모든 순간을 사랑하고 용서하며 웃으면서 앞으로 나아가는 삶이길 바라본다.

하나의 별이 빛나기까지

정 다 권

　우주에는 수많은 별과 천체로 가득 차 있으며, 이들 각각은 고유의 특성을 가지고 있다. 밤하늘을 바라보면 모든 별이 같아 보이지만 자세히 보면 크기, 밝기에서 차이가 있다는 것을 알 수 있다. 이 차이는 지구로부터의 거리, 별의 크기, 나이, 밝기, 질량에 따라 달라진다. 별이 어떤 성분으로 이루어졌든, 별은 스스로 고유의 빛을 내며 지구의 밤하늘을 아름답게 수놓는 것처럼, 청소년들 역시 각자의 고유한 빛을 가지고 있다. 외모나 성격, 살아온 환경에 상관없이 청소년은 고유한 가치를 가진 존재이다.

　관악교육복지센터는 '별하나'라는 이름으로 활동하고 있다. '별하나'는 순우리말인 '별하'와 '나'의 합성어로 "별처럼 높게 빛나는"이란 뜻을 담고 있다. 센터는 청소년이 스스로 자신의 가치(하나의 별)를 발견하고, "별과 같이 높게 빛나는 존재"로서 살아가기를 바라는 마음으로 청소년과 함께하고 있다. 청소년들이 스스로 고유한 가치를 발견하고 인식하는 과정을 돕는 것이 센터의 주요 역할이라 할 수 있다.

하지만 교육복지 현장에서 마주하는 청소년들은 스스로 별임을 인식하지 못하는 경우가 많다. 청소년이 가지고 있는 아름다운 고유의 빛이 성장과정에서 스스로 감당하기 어려운 현실(사회적, 정서적, 경제적)과 마주하며 가려지기 때문이다. 반복된 좌절, 학습된 무기력 등이 청소년의 빛을 간직하고 살아가기 어렵게 만든다. 이렇게 고유의 빛을 잃어버린 청소년들은 살아가며 삶의 여러 영역에서 다양한 어려움들을 가지고 살아간다. 이 글에서는 고유의 빛을 잃어버린 채 우리 앞에 왔을 때, 그 빛을 되찾기까지의 과정과 그 과정에서 나타난 긍정적인 변화에 대한 소개를 하려 한다.

A청소년 이야기

A청소년은 가족 및 타인과의 관계가 단절된 채로 살아가는 고등학생이다. 공동체에 속해 있지만 지지체계가 작동하지 않는 상황이었다. 초등학교 시절부터 또래관계에서 어려움을 겪어왔다. 가정에서도 구성원들과 상호작용이 어려운 환경에서 살아간다. 청소년은 가족과 상호작용을 하며 살아가고 싶지만 현실이 그렇지 못해 더 안타깝다. 처음 학교에서 의뢰받았을 때 학교 등교시간이 불규칙하다는 것 외에는 겉으로 드러난 어려움이 없어 보였다. 그러나 만남을 지속하며 청소년이 겪는 어려움을 마주하게 되었다. 타인과의 상호작용에 대한 두려움과 과도한 경계심을 발견했다. 본인의 잘못이 아닌 상황에서 "죄송합니다."라는 말을 과도하게 사용했고, 다가오는 실무자와 사람에 대한 경

계가 있었다. 청소년 스스로에게 잘난 모습이 없기 때문에 자기를 이용하려고 다가오는 건 아닐지 의심했기 때문이었다. 또한 자신의 몸이 청결하지 않다고 느껴지는 탓에 과도하게 샤워시간이 길었고 피부가 상할 때 까지 씻는 모습을 가지고 있었다.

고유의 빛은 청소년 당사자가 재미있는 것들을 수행하며 찾아갈 수 있다고 믿고 청소년을 만나고 있다. 하지만 이런 믿음으로 이 청소년에게 다가가기엔 어려움이 있었다. 무엇이 재미있는지에 대한 이야기를 할 때 무엇인가를 하는 경험자체가 많지 않았기에 스스로 알지 못했고, 모르겠다는 말을 반복했기 때문이다. 청소년이 유일하게 좋아하는 것은 떡볶이였고, 정말 열심히 만날 때마다 떡볶이를 먹었다. 몇 개월간 떡볶이를 먹으며 신뢰를 쌓였고, 설득 끝에 청소년은 상담을 시작했다. 그리고 센터에서 "경제적 권리를 청소년에게 보장함으로써, 청소년의 이야기를 경청한다."는 뜻을 가진 용돈지원사업 "경청프로젝트"에 참여하기 시작했다. 처음으로 용돈 받아보는 경험을 하게 된 것이다. 프로젝트를 진행하며 은행에 방문하여 통장개설, 카드발급 등을 진행하였고, 용돈 계획을 세운대로 사용하는 연습을 실무자와 함께 수행했다.

몇 개월간 먹었던 떡볶이가 어느덧 삶의 근육으로 자라나고 있는 모습을 발견하게 되었다. 실무자와의 만남을 통해 관계 맺는 연습을 했고, 상담을 통해 마음을 치유하는 경험을 했고, 경청프로젝트를 통해 스스로의 권리가 존중받는 경험을 했다. 돌아보니 청소년에게 이 과정은 고유의 빛을 찾아가는 과정이었다. "죄송합니다"라고 입버릇처럼 말하는 횟수는 줄어들었고, 샤워하는 시간도 단축되었다. 어느 순간부터 청소년이 웃는 모습을 볼 수 있었고, 방학 때 학교 독서실에서 공부하는 모습을 보이고 있었다. 2학기 학교방문 진행하며 센터에서 지원하는 청소년에 대해 지원내용을 공유했을 때 학교에서도 긍정적인 피드백이 돌아왔다. "학생이 스스로 무엇인가 하려고 하는 모습을 보이고 있어요." 상담을 연계했던 기관과 협의회를 진행할 때도 긍정적인 피드백이 들려왔다. "예전과 많이 달라진 모습을 보이고 있어요. 진로에 대한 고민을 하고 있어요." 여전히 떡볶이로 삶의 근육 키우기는 진행 중이다. 아직 고유의 빛의 아주 일부를 회복했을 뿐이다. 앞으로 청소년 고유의 빛을 찾는 여정은 계속될 것이다.

B청소년이야기

B청소년이 그동안 마주했던 세상은 따뜻하지 않았고, 그가 감당하기에 버거운 세상이었다. 그 결과 그는 스스로를 지키기 위해 방 안으로 들어가게 되었다. 고등학교 상담실에서 처음 만났을 때, 긴 머리에 눈과 목소리를 숨긴 상태였다. 수많은 질문 중 돌아온 반응은 기어들어가는 목소리의 "예"와 몇 번 고개를 끄덕거림이 전부였다. 몇 번의 만남을 진행하며 센터의 역할을 정리했다. 유급되지 않도록 등교지원, 불면증과 우울 관련해서 도움을 받기 위해 정신의학과 진료에 동행하는 것이었다.

유급이 얼마 남지 않은 상황에서 매일 아침 집 앞에서 청소년을 하염없이 기다렸다. 약속시간 전에 전화로 깨우기도 하고, 연락이 닿지 않으면 닿을 때까지 무작정 기다리기도 했다. 그와 동시에 2주마다 정신의학과 진료에 동행하며 라포를 형성했다. 의사소통이 가능할 정도의 대화를 주고받았고, 눈을 마주보고 대화를 할 수 있었고 대화의 반응 속도도 짧아지고 있었다. 길었던 머리를 자르고 나타나기도 했다. 그동안 마주했던 세상이 따뜻하지 않았기 때문에 그가 방문을 열고 다시 만나는 세상은 따뜻한 느낌으로 다가가기를 마음속으로 바라며 만남을 이어갔다. 그러던 어느 날 청소년은 다시 방으로 들어갔다. 아직 세상을 마주할 준비가 되지 않았던 것 같다. 연락을 받지 않고, 완전히 숨어버렸다. 몇 번의 연락 끝에 6개월이 지나고 한 번 얼굴을 볼 수 있었고, 다시 정기적으로 만날 수 있기까지 1년이라는 시간이 걸렸다.

  다시 마주한 그는 조금 성숙해 있었다. 예전에 만날 때 들려달라고 요청했지만 거절했던 피아노 연주를 먼저 들려주겠다고 이야기했다. 실무자와 같이 해보면 좋을 것들에 대한 이야기를 나누기도 했고 이제는 실무자를 "원래 알던 사람"으로 인식하고 있었다. 그래도 청소년이 느끼기에 다시 마주한 세상이 차갑지 않았다는 생각이 들어 안도감을 느꼈다. 청소년은 다시 방문을 열고 나왔다. 다시 세상을 마주할 준비를 하고 있는 것이다. 고유의 빛을 찾기까지 수많은 시간들이 필요하겠지만 따스함으로 그의 곁에 머무르려 한다.

  청소년은 고유의 빛을 가진 별과 같다. 때로는 그 빛이 여러 어려움으로 가려져 보이지 않더라도 분명히 그 안에는 자신만의 고유한 빛이 존재한다. 현장에서 우리는 청소년이 빛을 잃어버리는 상황들을 마주하곤 한다. 하지만 우리는 그들에게 여전히 가능성이 있음을 믿고, 그 빛을 같이 찾아가야할 것이다. 청소년의 변화는 생각보다 천천히 다가오기도 하고, 때로는 매우 미세한 변화처럼 느껴지기도 한다. 그래서 '자립'의 단계까지 나아가는 것이 가능할지에 대한 의문이 들기도 한다. 비록 그 과정이 더디더라도, 그 작은 변화들을 소중하게 생각하고 바라본다.

언제가 될지 모르지만 선물처럼 찾아오는 청소년의 마음이 열리는 순간은 그들이 빛을 되찾는 여정을 포기할 수 없게 만든다. 어느 날 모든 걸 거부하던 청소년이 "한 번 해 볼래요"라고 말하는 순간이 있다. 이 작은 한마디는 청소년이 다시 자신의 빛을 찾아보고자 하는 첫 걸음이다. 청소년들과 소소한 일상을 나눌 때, 그들은 조금씩 타인과 관계 맺는 법을 배우고, 자신을 존중받는 존재로 여기기 시작한다.

밤하늘을 올려다보면 어두워 보이는 하늘도, 사실은 무수한 별들로 가득 차 있다. 겉으로 드러나지 않아도, 그 어둠 속에서 반짝이는 작은 별들이 존재하듯, 세상 곳곳에는 여전히 고유한 빛을 가진 청소년들이 있다. 비록 지금은 잠시 빛을 잃었지만 그들의 빛이 조금씩 회복되고, 고유의 빛을 내는 날을 바라보고 있다. 모든 청소년들이 자신의 고유한 빛을 되찾아 세상에서 밝게 빛나는 그날을 위해, 계속해서 그들과 함께하려 한다.

함께 나아가는 길 위에서

안정화

자립준비청년, 홀로서기 그 너머로

아동보호시설에서 지내다가 만 18세가 지나 퇴소한 청년을 자립준비청년이라고 부른다. 과거에는 보호종료 아동으로 불렸으나 이제는 홀로서기를 준비하는 그들의 여정을 담아 자립준비청년이라는 이름으로 불리고 있다. 매년 약 2천 명의 청년들이 사회로 나오는데, 장미가정을 통해서만 20명의 청년들이 다양한 분야에서 그들만의 방식으로 사회에서 살아가고 있다.

그동안 SNS, 전화, 대면 등 다양한 형태로 자립준비청년들을 만나왔다. 처음에는 다들 자유를 만끽하며 행복하게 지낼 것 같았지만 때로는 새로운 외로움이 시작되기도 한다. LH 전세임대주택 지원은 어느덧 2차 3차를 넘어 마지막 회차를 눈앞에 두고 있다. 목돈을 만들어야 한다는 사실을 알고 있지만 실제로 저축을 실천하기 어렵다. 저축한 돈이 있긴 하지만 요즘 서울 전세금을 생각하면 턱없이 부족 금액이다.

어떤 자립준비청년들은 외로움을 달래는 방법으로 스스로 찾아가 상담을 받기도 하며, 때로는 술에 의지하기도 한다. 스트레스를 해소할 수 있는 적절한 취미나 여가 활동을 찾지 못했다.

안정적인 자립이란 단순히 고용을 통해 안정적인 수입을 얻는 것에 그치지 않고, 스스로 건강한 삶을 유지하는 것도 포함해야 한다. 이는 자립준비청년들이 여가 시간을 건강하고 즐거운 취미활동으로 보내고 더 나은 삶의 질을 경험할 필요성을 시사한다.

청소년의 건강한 자립을 위한 힘찬 걸음

장미가정은 4년 차 운동을 중심으로 취미활동 지원 프로그램을 진행하며, 청소년들이 자립 후에도 건강하게 스트레스를 해소하고, 자기 삶을 주체적으로 이끌어갈 수 있도록 돕고 있다. 운동지원 프로그램은 청소년들이 자신이 원하는 운동을 배우게 하고, 신체적으로 건강한 하루 루틴을 형성함으로써 책임감을 기르고 자기 관리를 자연스럽게 습득하게 하는 것이 목표이다. 무엇보다 규칙적으로 운동하는 습관을 들이면서 꾸준한 노력이 성취로 이어지는 긍정적 경험을 갖게 하고, 자립과정에서 필요한 자기 효능감과 긍정적인 자아개념을 형성하도록 하는 것이 프로그램의 취지이다.

청소년들은 크로스핏, 헬스, 주짓수, 복싱 등 다양한 운동을 배우기 시작하면서 꾸준히 운동 습관을 익혔다. 하지만 초기에는 운동에 대한 흥미를 갖고 지속하는 것에 어려움이 많았다. 주 3회 이상 가기로 하였는데 수업에 불참하고 동네 한 바퀴를 돌고 오는 날도 있었다. 함께 수행하는 운동인데 팀원들과 어울리지 못하고 주변에서 겉돌다 홀로 자전거만 타고 오는 날도 있었다. 급기야 중도 포기하고 다른 운동을 배우고 싶다고 하였다. 걷는 것도 운동이고, 자전거를 타고 온 것이 훌륭하며, 다른 하고 싶은 것이 생겨서 다행이라고 청소년을 굳게 믿어 주었다. 그러기를 몇 년 반복하다 보니 서서히 운동이 주는 신체적 변화와 성취감을 느끼기 시작했다.

청소년들은 강인해진 신체와 더불어 건강에 대한 긍정적 인식을 갖게 되었다. 운동을 하다 보니 내가 먹는 음식이 곧 나를 만든다는 사실을 깨닫고 자신의 음식 선택에 대한 책임감이 높아지게 되었다. 자연스럽게 단백질, 탄수화물, 비타민 등 필요한 영양소를 갖춘 음식을 선택하고 좋은 식습관을 형성하려고 노력하게 되었다. 운동과 건강한 식습관을 유지하는 과정은 청소년들에게 자기 주도성을 강화시킨다. 자신의 건강 상태와 운동 목표에 맞추어 스스로 어떤 루틴으로 운동을 할지, 무엇을 먹을지 결정하는 과정은 건강관리 능력과 자기주도적인 자립능력을 향상시킨다.

꿈을 향한 도전, 이주배경청소년의 자립 여정에 필요한 지원

한 청소년은, 운동을 통해 얻은 꾸준한 성취 경험이 학업과 진로 선택에 대한 자신감으로 확장되었다고 하였다. 그동안은 공부하는 방법을 잘 몰라 시작조차 어려웠는데 운동을 했던 것처럼 매일 꾸준히 노력하면 공부도 할 수 있다는 자신감이 생긴 것이다. 외국 국적을 갖고 있는 이 청소년은 지난여름 토픽(TOPIK) 한국어 시험에서 전문 분야의 언어 구사가 가능한 레벨의 자격을 취득하였고, 관광 경영 분야의 폭넓은 지식확장을 위해 현재 서울 소재 대학의 수시입학을 준비하고 있다.

곧 자립을 앞두고 있는 청소년은 이주배경청소년이라는 프레임도 함께 갖고 있다. 이런 배경은 일반적인 자립준비청년이 받을 수 있는 공적부조인 자립지원 제도에서 배제되어 있다는 것을 의미한다. 현재 자립준비청년에게 제공되는 자립정착금, 자립 수당, LH 전세임대주택, 교통비 지원, 긴급 의료지원 등의 다양한 제도는 아동복지시설 퇴소자이면서 대한민국 국적을 소유한 자로 정의하고 있다.

어렵게 배움의 의지를 갖게 된 이주배경청소년은 퇴소 후 자신의 꿈을 이룰 수 있을까? 이런 사례가 처음이라 걱정되는 마음으로 공익재단의 지원책을 찾아보았다. 여러 재단에 전화를 걸어 확인해 보았는데 장학금 대상자는 자립준비청년(대한민국국적 소유)이라는 조건을 듣다가, 다행히도 국적에 차별을 두지 않는다는 재단도 찾을 수 있었다. 장학생으로 선정되어 등록금을 지원받더라도 가장 큰 문제는 주거 문제이다. 또한, 학업에 집중하는 동안 필요한 생활자금과 다양한 지출이 발생될 것이다. 인구감소와 더불어 청소년 인구도 감소되는 시점에서 이주배경청소년들이 안정적으로 우리 사회에 자리매김할 수 있도록 많은 관심과 제도적 지원이 필요하다.

그리고 함께하는 여정

'내가 진정 자립한 순간은 언제였을까?' 나 자신을 돌아보았다. 첫 직장에 들어선 18살 때였을까, 아니면 부모를 떠나 내 가정을 꾸렸을 때였을까. 나의 삶을 스스로 책임지기로 결심한 그 순간은 언제였을까. 18세 어른아이라 불리는 자립준비청년들, 오늘도 그들의 고단한 삶을 함께하며 작은 응원의 메시지를 보낸다.

   자립이란 인생의 큰 퍼즐을 맞추는 것과 같다. 저마다 속도와 순서가 다르지만 하나씩 찾아서 큰 그림을 완성해 간다. 어쩌면 나 역시 그 길 위에 서 있는 것일지도 모르겠다.

청소년의 사회적 기술 향상

김경미

  아모텍 오디 가정에서 아동들의 자립 지원을 담당하고 있는 저에게는 아무래도 '청소년의 안정적 자립 수준 향상'에 이바지하고 있다고 말할 수 있을 것입니다. 일반적으로 자립이란 사회구성원으로서 타인에게 의지하거나 종속되지 않은 채 상호보완적 대인관계를 유지하며, 사회생활에 필요한 지식과 기술, 자원 등을 활용하여 책임감 있게 행동하며 살아가는, 경제적, 심리적, 사회적 독립 상태를 의미한다고 봅니다.[3] 즉, 자립이란 경제적인 독립만을 의미한다기보다 타인과의 관계 및 지역사회의 자원을 활용하는 심리, 사회적 독립의 상태를 포함한다는 주장이 주를 이루고 있는 것을 볼 수 있습니다.[4]

  한 개인이 경제적, 심리적, 사회적으로 자립하기 위해서는 적절한 준비과정을 거쳐야 하는데, 특히 우리 사회복지시설의 청소년에게 자립은 매우 중요한 과업일 것입니다. 학대, 가정해체, 폭력, 빈곤 등의 이유

---

[3] (김지연, 백혜정, 최수정, 2017; 조규필, 2013)
[4] (김정연, 하지선, 김인숙, 2011; 신혜령, 2001)

로 보호자로부터 가족의 지원을 받기 어려운 우리 청소년은 일반가정의 청소년에 비해 대부분 일찍 자립을 준비해야 하는 현실에 처하게 됩니다. 이 시기에 사회를 파악하고 적응하는 방법을 찾지 못한 채, 무방비 상태로 이 사회에 진입하게 되면 저임금, 저숙련의 열악한 환경 속에서 지내야 하며 또 다시 빈곤이 되풀이 될 수 밖에 없다며 학자들은 주장하고 있습니다. 제한된 정보와 경험으로 사회에 노출되어야 하는 이들은 가족의 지원을 받으며 성장한 청소년에 비해 사회적응력 및 일상생활기술이 취약하다는 학자들의 연구가 이를 뒷받침하고 있습니다.[5]

이에, 저는 아동들에게 일상생활 기술, 지역사회자원활용 기술, 자기보호 기술, 사회적 기술, 돈관리 기술, 진로탐색 기술, 직장생활 기술, 집 떠나기를 주제로 하는 자립의 8대 영역 교육을 통해 아동들의 이러한 어려움을 해결하고자 노력하고 있습니다. 그 중에서도 현재 사회적 기술 영역을 진행하고 있으며 여기에는 자기에 대한 이해, 감정 다루기, 의사 결정, 의사소통, 대인관계, 갈등 해결하기 등의 내용을 다루고 있어 아동들의 심리적 자립에 기여하고 있다고 생각합니다. 자기이해 모듈에서는 자신의 대인 관계에서 중요하게 여기는 가치관을 확인하고, 감정을 표현하는 단어를 탐색해 보았습니다.

자신의 감정을 잘 몰라서 무조건 부정적으로만 표출하는 아동의 경우에는 상당히 도움이 되는 시간이었으리라 생각합니다. 감정다루기 모듈에서는 부정적인 감정의 역할과 부작용, 그리고 감정에서 벗어나는 방법에 대해 동영상을 활용하여 교육하였습니다. 아동들에게 실생

---

[5] (김세진 외, 2020; 신혜령, 2001)

활에서 적용해 볼 수 있도록 권장하였고 지도교사 역시 아동들과 함께 하는 일상생활에서 먼저 실천하는 모습을 보이고자 노력하였습니다. 실제로 부정적인 감정이 생기는 상황이 생겼을 때, 감정에서 벗어나는 여러 가지 방법 중 한 가지를 선택하여 벗어나는 모습을 보여주었습니다. 또한 나-전달법을 통해 상대방과 나 자신 모두 소통에 성공할 수 있도록 대화법을 배워 보기도 하였습니다. 의사소통 모듈에서는 자신의 의사결정 스타일 유형을 파악해 보고 실패 가능성을 가장 많이 낮춰주는 스타일이 무엇인지 알아보는 시간을 가졌습니다. 대인관계 모듈에서는 친구들과 갈등 관계에 있을 때 자신의 대처법이 무엇인지 알아보고 또래 압력을 느끼는 상황에서 적합한 대처법에 대해 알아보는 시간을 가졌습니다. 마지막으로 잘못된 관계 정리하기 모듈에서는 오랜 시간 가까이 지내 온 관계에서 갈등이 발생했을 때에 해결 방법을 찾아보고, 자신의 힘으로도 안 될 경우에는 경찰이나 법원의 도움을 청할 필요가 있음을 알려주며 사회적 기술 파트를 종료하였습니다.[6]

아동들은 이미 학교에서 배운 부분과 중복되는 경우도 있어 큰 거부감 없이 프로그램에 참여하여 주었고 실제로 친구와의 관계 문제로 고민하던 아동들이 최근에 새로운 친구가 생겼다며 흡족해하는 모습들을 보았을 때 무척 흐뭇하고 보람을 느꼈습니다. 감정을 잘 조절하고 다룰 수 있는 것이 참으로 중요함을 몸소 체험해 본 것입니다. 또한 우리 오디아동에게 격려의 말을 건넸을 주변 어른들이나, 우리 아동이 건

---

[6] 참고문헌 : 송연주, 김세진, 김경은, 최수정, 청소년 자립준비 맞춤형 프로그램 개발과 효과성 검증, 2022

넨 가벼운 인사말을 잘 받아준 천사 같은 또래 친구들의 공도 참으로 크다고 할 것입니다.

  자립에 있어서, 사회적 기술은 아동들의 대인관계 및 정서 문제와 직결되기에 그 중요성은 아무리 강조해도 지나치지 않을 것입니다. 우리 오디 가정 아동들은 이 프로그램에 참여함으로써 건강한 사회구성원으로 성장할 것임을 믿어 의심치 않는 바입니다. 앞으로도 잘 지켜봐 주십시오. 감사합니다.

자립과 선택

윤수현

관악청소년자립지원관에 입사한 지 만 2년에 가까워지고 있다.

고등학교 때, 친구들과 함께 이야기 나누는 걸 좋아한다는 이유로 진로를 설정하고 지금의 일을 하고 있다. 종종 그때를 떠올리며 섣부르게 진로를 선택한 것은 아닌가는 생각을 하곤 한다. 청소년들의 이야기를 듣기에 내가 부족한 것 같다는 고민이 항상 드는 것 같다.

'가정 밖 청소년', '위기 청소년'을 자립지원관에 와서 처음 만났다. 세상이 밉지만, 그런 세상에 사랑받고 싶은 이들은 쉽게 흔들린다.

친한 치킨집 사장님이 소개해준 보험을 약관도 보지 않고 가입하고, 본인 명의를 빌려줘 부채가 생기고, 부채로 인해 압류가 발생해 경제적 어려움을 겪기도 한다.

견디기 어려운 일을 다른 견디기 어려운 일로 돌려막으며 살아가고 있는 청소년들을 만나면서 조금 더 나은 선택은 무엇인가에 대해 함께 고민하고자 했었다.

하지만 부모의 도움으로 월세 집을 구하고, 지금까지 힘들 때 옆에서 도움을 주던 사람이 있던 나는, 모르는 것이 너무나도 많았다. 건축물대장에서 확인해야 하는 것은 무엇인지, 감당할 수 없을 만큼 늘어난 부채는 어떻게 해야 하는지, LH는 어떻게 신청하는지, 학자금 대출 상환은 어떻게 해야 하는지, 근로계약서의 필수 기재 사항은 무엇인지 등 모르는 것투성이이었다. 지나왔던 길을 돌이켜보면 쏟아지는 정보에 허덕이며, 청소년들이 마주한 상황을 함께 해결하기 위해 정보를 흡수하고 소화하고 가끔은 체를 하며 지내왔던 것 같다. 과정 하나하나 모두 처음 해보는 것이었기에 서툴렀다. 그렇다고 지금은 능숙하냐고 물으면 그렇다고 대답하기는 어렵다. 여전히 모든 것이 할 때마다 새롭다.

자립의 사전적 의미는 '남에게 예속되거나 의지하지 아니하고 스스로 섬.'이라고 한다. 그들이 각자의 삶에서 스스로 서기 위해서는 무엇을 해야 할까. 삶을 온전히 책임지는 방법은 어떻게 알 수 있을까. 나는 어떻게 알 수 있었을까 고민해보면 내 곁에는 나보다 먼저 시행착오를 겪은 사람들이 있어 물어볼 수 있었다.

청소년이 어려운 상황을 겪고 있으면 스스로 자처해서 생긴 것이 아니냐고 바라보는 시선이 있다. 너의 선택이었다고 이야기한다. 하지만 아무도 이들에게 다른 선택지가 있다고 알려준 적이 없다. 이들이 다른 선택지가 있다는 걸 알고 있었다면 그 선택을 하지 않았을 수도 있다.

청소년들을 만나면서 내가 할 수 있는 건 다양한 방법을 제시하고 스스로 선택할 수 있도록 하는 것인 것 같다. 선택에 정답은 없지만, 청소년이 스스로 삶을 살아 낼 수 있도록, 안정적인 삶을 유지할 수 있도록 청소년과 함께 이야기를 나누고 스스로 선택할 수 있도록 하고자 한다. 그 안에서 실수가 생길 수도, 여러 차례의 고비가 찾아올 수 있지만, 어려움은 같이 훌훌 털어내고 나아갈 수 있도록 해보고자 한다.

청소년들의 삶에서 내가 차지하는 비율은 작은 점 정도일 것이다. 만남은 영원할 수 없고 기간의 정함이 있어 언젠가는 안녕을 해야 할 사이지만 언제고 그들이 전해줄 안부를 기다리며 지금 여기에 있을 것이다.

자신의 삶을 책임지는
성인으로 성장하기 위해

박성민

네 명의 여학생이 함께 생활하는 오디가정의 하루는 여느 가정과 다를 바 없이 아침에 일어나서 밥을 먹고, 학교에 가고, 학원에 다니는 생활과 함께 흘러갑니다. 아이들은 이렇게 반복되는 일상 속에서 조금씩, 성장하고 있습니다. 언젠가 성인이 되어 사회에 발을 내디딜 이들이 안정적인 삶을 살고 스스로를 책임질 수 있는 사람이 되기 위해, 우리가 반드시 길러주어야 할 것은 직업을 가질 수 있는 - 그것이 취직이 되든, 창업이 되든, 아니면 다른 무엇이 되든 - 개인의 역량과, 사회를 구성하는 한 사람으로서 타인과 함께 살아갈 적절한 마음가짐이라고 생각합니다. 이를 목표로 오디가정에선 꾸준하게 세 가지를 교육하고 있습니다.

금융 관리

아동들의 바른 소비 습관을 위해 매월 개별적으로 용돈을 지급하고 있는데, 처음엔 일주일마다 나누어서 지급하던 용돈을 한꺼번에 받아 관리하고 싶다는 아동들의 요청이 있어, 현재는 매월 1일마다 지급하고 있습니다. 한 달 동안 용돈을 고루 분배하여 사용할 수 있도록 지도하고 있지만, 아이들인지라 월초에 모두 써버리기도 합니다. 정해진 용돈을 한 번에 다 사용하고 나중에 부족해진 것을 경험한 아이들에게 이후론 꼭 필요한 소비인지를 생각하고 지출할 수 있도록 안내하고 있습니다. 또 아동들이 의복을 구입할 때에도 동행해서 아동들의 소비 결정에 적절한 조언을 하며 소비의 분별력 형성에 도움을 주고 있습니다.

성인이 되어 퇴소하는 자립생은 주거 결정이나 재정적 상황에 대해 많은 고민이 있습니다. 그래서 오디가정은 자립생과도 계속 연락하며 해피빈의 후원을 받아 필요 물품을 지원하기도 하고, 집을 얻을 땐 교사가 동행하여 계약서류 검토에 도움을 주는 등, 아이들이 큰 결정을 할 때 혼자 결정하지 않도록 함께 살펴보고, 또 사회적 위험에 노출되지 않도록 노력을 기울이고 있습니다.

개인 역량 개발

오디가정 아동들의 학업성취 등 개인 역량 향상을 위해 각 아동별로 진행되고 있는 사항들이 있는데 이** 아동의 경우 오디가정 지원으로 22년부터 수학학원에 다니기 시작했습니다. 23년 3월에 동행복지재단과 함께하는 꿈스케치 지원사업의 대상자로 선정되어 장학금(수학학원비)을 지원받았고, 현재는 24-25년도까지 장학금 지원이 확정된 상태입니다. 또한, 23년도에 교육기회보장사업 RUN-UP 장학생이 되어 1년간 영어학원비를 지원받았고, 24년도 현재는 KB Dream Wave 2030 중고등 인재 양성 사업에 영어학원비를 후원받고 있습니다. 학업에 관심이 있어 대학진학을 희망하는 아이들에게 학습지원사업은 정말 큰 도움이 되고 있습니다.

자신의 진로 선택에 확신이 없던 김** 아동은 음악을 듣는 것과 노래하는 것을 좋아하였습니다. 처음에 교사들은 아동이 실용음악학원(보컬리스트)에 다닐 수 있도록 도왔으나, 결국 이곳에서 흥미를 찾지 못하였습니다. 이후 상담을 하는 중 아동이 누군가를 가르치는 일을 하고 싶다고 해서 교사들은 운동 강사를 지망해보자고 제안하였고, 그때부터 김** 아동은 체대입시학원에 다니고 있습니다. 최근에는 연습할수록 실력이 늘고 있다며 아이가 좋아하고 있습니다.

방** 아동, 정** 아동에게도 제빵학원과 미술학원을 각각 제안하여 아동들의 소질을 찾을 수 있도록 안내하고 있으며 아동마다 재능을 발견할 수 있도록 살펴보고 있습니다.

인권교육

아이들이 사회로 나가게 되면 가장 먼저 깨닫게 될 큰 변화 중 하나는 바로 수없이 많은 타인과 함께 살아가야 한다는 점일 겁니다. 도덕적 가치관을 갖고, 타인과 좋은 관계를 유지하는 어른으로 거듭날 수 있도록 매월 인권교육을 시행하여 나의 권리와 타인의 권리에 대해 생각해볼 기회를 갖고 있습니다. 인권은 모두가 똑같이 공유하는 권리라는 원칙과, 평등이나 자유, 비폭력, 정의 등의 가치에 대해 교육하고,

이에 대해 아동이 생각하는 바도 자유로이 나눕니다. 또한 공동생활을 하면서 "타인의 권리를 침범하지 않는 범위 내에서 내 자유 누리기"에 대해 자주 이야기합니다.

 오디가정의 모두는, 이들이 언젠가 성인이 되어 처음 바깥세상에 나갈 때, 스스로 삶을 계획하고 책임지며, 사회적으로 성숙한 자립인으로서 출발할 수 있도록 언제나 노력하고 있습니다.

독

박연주

2020년 4월부터 이곳에서 청소년과 함께한 지 4년 7개월, 1,680일이 되었다. 그간 약 47명 이상의 청소년을 짧게는 2년, 길게는 3년 동안 만나오면서 청소년이 가진 어려움을 어떻게 해결할 수 있을지에 대한 막막함과 불안감도 있었지만, 나와 청소년, 나와 동료들이 '함께' 헤쳐나가는 과정에서 서로의 의미를 찾기도 했다.

2022년 들꽃청소년세상 종사자 저자 '그럼에도 피어날 것들'에서 청소년이 자립하면서 청소년이라는 이유로 그들의 삶과 자립을 증명해야 하는 상황에 대해 함께하는 여정을 기록했다. 지금, 이 글을 작성하면서 2020년, 2022년의 나는 어떤 마음으로 청소년을 만났는지, 현재의 나는 어떻게 청소년을 만나고 있는지에 대한 물음이 시작되었다.

이전의 나는 청소년과 만나면서 청소년이 당면한 현재의 긴급한 사정에 대해 해결하기 위해 애썼다. 자살·자해 위기, 법적 문제에 대응, 범죄 유인, 성폭력·성매매 상황, 물조차 살 수 없는 경제적 어려움, 거리 생활… 지금의 문제가 해결되어야 다음 단계의 이야기를 풀 수 있으니, 해결하는 것을 최우선으로 생각했다. 그러나 현재의 문제가 해결된다고 그다음 단계로 넘어가는 것이 아니었다. 새로운 긴급 상황이 생기고, 해결하는 과정이 반복되었다. 그럴수록 더 빨리 해결해 버리고자 하는 마음이 앞섰고, 그 마음은 청소년과 '함께' 하기 위함의 의미로 희석해 가고 있었다. 청소년을 당기고, 멀어지고, 다시 당겼지만, 당겨지지 않고, 오히려 사라져 버리는 상황이 반복되며 점차 소진되어 가고 있음을 느꼈다. 그 당시 솔직한 마음으로 '밑 빠진 독에 물 붓기'가 아닌지, 나는 과연 어떤 것을 위해, 무엇을 하고 있는지에 대한 고민이 깊어졌다.

긴 고민의 시간 그리고 함께하는 동료들과 이 고민을 나누며, 나의 속도와 청소년의 속도가 다르다는 것을 놓치고 있음을 깨달았다. 서로의 속도를 이해하고 나의 욕심을 내려놓는 것과 내 앞선 마음은 진심으로 누구를 위한 과정이었는지를 고심하게 되었다.

지나친 기대와 욕심을 버린 어느 날, 기다림 끝에 청소년이 돌아와서 말했다.

"나 이제 움직이고 싶은 마음이 들었어. 같이 해줄 수 있어?"

청소년의 말을 들은 나는 머리를 세게 맞은 느낌이 들었다. 우리가 함께하기 위해서는 기다림의 여정이 필요하고, 서로 준비가 되었을 때 비로소 함께할 수 있다는 것을 분명하게 알게 되었다. 그리고 애초에 밑 빠진 독에 물 붓기는 될 수 없었다. 청소년에게는 물을 부을 수 있는 '독'이 필요했다. 청소년의 삶이 담긴, 앞으로를 그려 담아낼, 청소년마다 본인에게 맞는 독을 만드는 것이 최우선이었다.

그래서 지금의 나는 청소년과 현재를 함께하면서도 미래를 그려보고자 한다. 우리에게는 오늘이 해결되지 않아도 다가올 내일이 있다. 그러기에 오늘이 너무 뜨겁지 않아도, 미적지근하다고 해도 우리는 함께할 수 있다. 우리는 내일도 끈질기고 진득하게 자립이라는 독을 빚어 나갈 것이다.

마지막으로 빈번한 자살 시도로 매일 아침을 포기하려고 했지만, 청소년의 내일, 우리의 매일을 위해 용기를 낸 청소년이 전한 메시지를 되새겨본다.

"연두, 오늘도 아침이 밝았어. 오늘도 함께해줘서 고마워."

변화

박성아

청소년자립지원관에서 일하며 만나는 청소년들은 가정 밖, 학교 밖 등 누군가에게는 당연하게 여겨지는 곳들의 밖에 자리해있는 이들인 것 같다. 그런 이들의 삶을 표현한 시가 있어 소개하며 글을 시작해 본다.

밖

정종숙

저수지는 늪이 되어갔다
숨을 쉬기 위해 밤새도록 헤엄쳤지만
수초에 긁히기만 했다

다 자라지 않은 지느러미로 헤엄쳐 나올 때
새벽 물안개가 떨고 있었다

그리움은 상처보다 깊지만 모진 것은 더 깊어
매질로 부르튼 스무 살 살갗에 연고를 바르고

할머니가 돌아가실 때
나쁜 짓하지 말고 살라 했는데

얼굴에 별이 떨어지는 노래방
립스틱으로 장미꽃을 피워 팔고
죽은 꽃에 쓴 술을 붓고

나를 기다렸던 검은 그물 안에서
지느러미를 파닥거려

강은 얼마나 먼가요

질긴 그물을 물어뜯을 때
긁힌 비늘에 물안개가 내려앉았다

- 시집「춥게 걸었다」발췌

이 시를 읽을 때 하나, 둘 떠오르는 이들이 있다. 다들 방식은 다르지만 살아내기 위해 나름의 방법으로 애를 쓰던 이들이었다. 그중에는 왜 그런지 도무지 이해하기 어려운 이(타인의 애정을 바라지만, 규칙을 지키거나 다른 사람을 배려하고 싶지는 않은)도 있었고, 결국 우리 곁을 떠나버린 이도 있었다. 노래방에서 일하던 이는 집도 정리하지 못하고 사라져 연락이 없는데 잘 지내고 있는지 모르겠다. 지금 생각해 보면 다들 그물을 벗어나려 할 때 생긴 눈에 보이지 않는 상처들을 안고 살았던 것 같다. 그들에게 자립이란 너무 멀어서 아득하게 느껴지는 강이 아니었을까.

지나간 길을 생각할 때 성과보다는 아쉬움을 먼저 세게 되어서 이 시가 더 마음에 와닿고, 그런 이들을 먼저 떠올렸던 것 같다. 하지만 돌이켜보면 시련에도 불구하고 다시 자기 길을 떠나기 시작한 이도 있었고, 우리 기관도 '청소년의 안정적 자립 수준 향상'을 위해 새로운 시도를 해보기도 하였다.

구치소에 들어가기 전 세상이 무너진 것처럼 말하던 이는 어느새 2년 가까이 지나 출소를 하였다. 수감 기간 동안 조금의 도움이라도 받아보고자 연결했던 기관들이 그 이의 힘이 되어주었고, 그 덕인지 청소년은 출소 후 생각보다 밝은 모습으로 새로운 삶을 준비해나가고 있다.

계약직으로 일하며 정들었던 회사에서 정규직으로 전환되기를 바랐지만 실패했던 이도 있다. 기대했던 만큼 좌절하기도 했지만, 다시 취업 준비를 하면서 내내 불안해하고 울기도 많이 울었지만, 그이는 항상 다시 기운을 내었고 이내 다른 곳에 입사했다는 소식을 전해주었다.

사례지원 기간 2년 동안 자해를 반복하고 구직할 생각이 없었던 이도 있다. 사례지원 기간이 끝나가는 데도 일할 의지가 보이지 않아 걱정했었는데, 신기하게도 사후관리 기간이 된 뒤 차츰 일용직 일부터 시작하더니 한 회사를 3개월간 다니기도 했다. 3개월이 대단한 건가 싶을 수 있겠지만, 아침에 일어나는 게 힘들어서 회사를 안 가버리던 이에게는 놀라운 변화였다. 자해를 심하게 해 수술을 받을 정도였는데 지금은 자해도 거의 하지 않게 되었다. 그이가 변화한 이유는 사실 아직 잘 모르겠고 아마도 시간이 필요했던 것 같다.

  청소년들의 삶이 계속 변화하는 동안 우리 기관의 사업도 계속 변화해갔다. 청소년들에게 어떤 지원이 필요할지 계속 고민하기도 했고, 정말 감사하게도 법인을 통해 자립 청소년을 지원하고자 하는 후원자분들이 연결되어 새로운 프로젝트를 진행할 수 있었다.

  '자립지원금 지원 프로젝트'는 23년 8월부터 1년간 진행하여 올해 1년 차 사업을 마무리하고, 2년 차 사업을 진행하게 되었다. '보증금 지원 프로젝트'도 올해 시작하여 자립 청소년들이 안정적인 주거를 마련할 수 있도록 지원하고 있다.

  '자립지원금 지원 프로젝트'는 1년간 자립을 위한 지원금을 지급하는 사업으로, 선정된 청소년들과 지원 기간 동안의 자립 계획을 세우고 실천해 보도록 하는 활동을 해보았다. 이 프로젝트가 기회가 되어 청소년들은 진로를 개발하기 위한 시도들을 다양하게 해볼 수 있었고 (검정고시 응시, 전문학교 진학, 창업, 대외활동 참여 등), 청소년들의 생활에 여유가 생겨 건강을 돌보았고, 고시원을 탈출해 월셋집으로 이사를 가기도 하였다.

  처음 하는 프로젝트여서 고민을 많이 하고 시행착오를 겪기도 했지만, 그러한 노력들을, 무엇보다 청소년들의 변화를 눈여겨 봐준 후원자분들 덕분에 이 프로젝트를 지속할 수 있게 된 게 큰 성과였던 것 같다. 지금은 1년 차의 시행착오를 발판 삼아 2년 차 사업은 보다 수월하게 해나가는 것을 목표로 하고 있다. 또한 새롭게 시작한 '보증금 지원 프로젝트'도 내년에는 2년 차에 접어들기에 올해 부족했던 점을 짚어 보고 보완해 보고자 한다.

  잃은 것도 있지만 새롭게 시도한 것도 있는 한 해였다. 누군가 자립은 완성된 형태가 아니라 자립을 위해 나아가는 과정이라고 했던 것 같다. 예측하지 못한 상황과 이해할 수 없는 반응들에 당황하고 지치는 때도 있지만, 자그마한 변화들을 돌이켜보며 그러한 변화들을 원동력 삼아 꾸준히 나아가 보려 한다.

내 머릿속은 꽃밭

김현희

'그러면 안 되는 건가요?'
'아니요, 조금만 더 제 이야기를 들어주세요'
오늘만 세 번째 통화이다. 이렇게 다시 이야기를 시작했지만, 이 청소년은 결국 나의 이야기를 거의 받아들이지 못할 것이다. 두 사람 모두 모국어가 한국말인데 이야기를 나누는 것이 이토록 어려운 일인가 싶다. 타인의 이야기를 듣고 이해하기보다 자신이 화가 났음을 이야기하고 싶었고, 그 화를 달래줄 수 있는 누군가를 찾고 있다는 것을 어렴풋이 짐작하지만, 원하는 결과 값이 정해져 있는 채로 막무가내인 것은 해결하기 쉽지 않다. 누군가가 이미 충분히 설명한 내용을 내가 다시 설명한다고 해서 상황이 좀 더 나아지겠다는 기대는 없었지만 막막함이 몰려오는 것은 사실이다.
그리고 가장 먼저 떠오르는 생각은 '이 청소년은 왜 이렇게 화가 났을까?'이다. 나로서는 도무지 상상할 수 없는 타인에게 받아들여지지 못한 삶의 역사가 있으리라.. 혹은 자신이 자기에게 화가 나서 받아들이지 못한 삶이 역사가 있을지도 모르겠다. 이미 거절당했다는 마음이니 멋대로 돼버리라고 하는 마음일 수도, 상처받았으니 되돌려 주겠다는 마음일 수도 있겠다. 나를 도발하겠다는 의도는 분명해 보이지만 그래서 무엇을 어떻게 하고 싶다는 것인지 마음을 알 수 없으니 답답한 노릇이다.

많은 일들이 '그렇다, 아니다'로 결정할 수 없다. 그럼에도 '그렇다, 아니다' 응답받기를 원하는 마음. 원하는 것이 받아들여지지 않는다면 하루 종일 전화가 오겠고, 같은 이야기가 반복될 예정이다. 청소년에게 어떻게 더 설명할 수 있겠느냐는 고민이 깊어진다. 지금 여기서 내가 무엇을 더 할 수 있을까? 요청 사항만 내려놓고 본다면 영화처럼 상황의 반전이 필요한 일도 아니고 이렇게 화가 날 상황도 아닌 것 같은데 이 청소년은 왜 이렇게 아픈 말을 쏟아내는지 모르겠다. 그냥 감정이 매우 상해있다. 그것을 알리고 싶은 것 같다. 말을 듣는 사람도 말하는 사람도 이렇게 아프지 않아도 일이 될 수 있게 하는 방법들도 많은데 속상한 노릇이다. 이러한 고민은 나만의 몫이다. 에휴.

듣고 싶지 않은 말들을 멈추게 하기 위해서 되지 않을 약속을 하지는 말자는 생각으로 수많은 가시 돋친 말들을 흘려보낸다. 일방적으로 통화는 종료되었다. 12분 52초.

나도 매우 유쾌하지 않다. 퍼붓고 싶은 마음이 당신에게만 있는 것은 아닌데 그렇다고 똑같이 할 수도 없는 노릇. 갑작스럽게 퇴사하는 동료가 생기면서 마음을 맞추며 일하는 동료들과 업무의 빈자리를 틈틈이 채우느라 나의 마음 밭에 더욱 여유 없음을 한탄한다. 어디서부터 돌이켜야 하는지 고민해 본다. 그리고 아마도 곧 다시 전화가 올 것임을 안다. 가능하면 늦게 전화가 울리기를 기대하지만 그럼에도 전화가 오는 것이 나은 편이기도 하다. 내 선택이 아닌 상대방의 결정으로 일방적인 통화 종료이지만 어떻게든 서로의 마음을 진정할 시간이 필요했다.

이곳도 저곳도 비빌 언덕이 없는 거리를 배회하는 청소년들에게는 전화로나마 자신의 불안함과 부당함이 매우 서투르게, 그리고 자신이 할 수 있는 범위 내에서 가능한 공격적으로 표현하기가 반복되기도 한다. 물론 비축된 힘이 없는 청소년들은 그것마저도 하기가 어렵다. 공공 지원체계라는 울타리는 자신의 어려움을 호소해야 하고 증명해야 하는 경우가 많은 것이 사실이고, 공공의 혜택은 관공서에서 발급받을 수 있는 몇 가지 종류의 증명서로 판가름이 나버리는 경우도 많기 때문이다.

나는 청소년자립지원관이라는 곳에서 일을 한다. 전국에 13개소가 운영된다. 여성가족부가 만든 지침에 따르면 '청소년자립지원관은 일정 기간 청소년쉼터 또는 청소년회복지원시설의 지원을 받았는데도 가정·학교·사회로 복귀하여 생활할 수 없는 청소년에게 자립하여 생활할 수 있는 능력과 여건을 갖추도록 지원하는 시설'이라고 설명하고 있다. 자립지원관은 서울 2곳, 경기 3곳, 인천 2곳으로 존재하지 않은 지자체가 더 많다. 청소년쉼터는 전국에 140개소+청소년회복지원시설은 18개소인데 합해서 158개소에서 지원을 받았는데 또 다른 시설이 필요한 청소년을 13개소에서 지원해야 한다는 사칙연산만 본다면 마음이 먹먹해진다. 움직이는 청소년센터 엑시트가 있었던 시절과는 달리 지금은 우리를 만나기 위해 기다리는 청소년들이 수가 많지 않고 오히려 내년에는 청소년 사례 발굴도 고민해야 하는 상황이니 사칙연산으로 보이는 숫자에 대해서는 마음을 내려놓아도 좋겠다. 그리고 2020년도에 처음 자립지원관에서 일을 시작했을 때는 전국에 8개였는데 어느새 5개소가 늘었으니, 긍정적이라고 생각해야 할까.

청소년의 자립을 위한 지속적인 역량 향상은 절대로 청소년 스스로만 할 수 있는 일이 아님을 절감한다. 자립이라는 것을 어쩔 수 없이 선택할 수밖에 없는 경우가 대부분이고 경제적인 어려움뿐만 아니라 딛고 설 자리가 없는 것도 그들은 탓은 아니다. 아동, 청소년을 잘 돌보는 체계를 만들기 위해서 좀 더 구체적인 변화의 흐름을 가져가는 것이 필요하다는 것에는 동의하지만, 해야만 요구되는 일과 해야만 하는 일이 점점 많아지고 있다. 청소년을 잘 만나는 것이 무엇인지, 잘 돌봄의 기준은 어떤 것으로 할지, 얼마만큼이 과연 충분한 지원인지, 너무 많은 지원이 오히려 독이 되는 것은 아닌지, 우리가 할 수 있는 최선은 무엇인지 고민하고 생각할 겨를이 없다.

다시 전화가 온다. 이번에는 핸드폰이 아니고 유선전화이다. 사례 담당자와 통화를 하고 싶지 않은 마음인 것과 어쩌면 내가 전화를 받을 것을 예상하고 있을 것이다. 이 청소년은 과연 자신의 마음이 어떠한지를 전하고 싶은 마음이 있는 걸까 하는 무거운 생각으로 전화를 받는다. '안녕하세요' 라고 시작하는 대화지만 대화의 내용은 그다지 안녕하지 못하다.

아침부터 카톡으로 전화로 자신의 불안함을 200% 쏟아놓는 청소년은 곧 24세를 맞이하는 후기 청소년이다. 예전에 일시청소년쉼터에서 일하면서 많은 청소년을 만났다. 내가 직접 무언가를 주도적으로 할 수 있는 상황은 아니었기에 만났다기보다는 곁을 스쳐 갔다는 표현이 맞다. 적을 둘 곳 없이 떠도는 청소년들이 대부분이었고 만 24세 기준으로 이용을 제한하기에 생일만 지나면 이곳마저도 이용할 수 없는 시간이 도래함에 따른 심경 변화가 두드러졌다. 대안이 없는 두려움에 사로잡혀있다. 무엇인가를 준비할 힘이 생기지 않았고, 할 수 없을 것 같은 마음만 가지고 있는 경우도 있었다. 온전히 이해한다고 말할 수는 없지만 외면하기도 쉽지 않다. 과연 다음이 그려지지 않는다는 것만큼 두려운 일이 있을까?

오늘 마주하는 청소년의 마음에는 벽이 서 있다. 언어의 수준도 적정한 선을 넘었다 싶을 만큼 폭력적이다. 폭력적인 방법으로 자신의 마음을 전달할 수밖에 없다는 것도 머릿속으로는 안다. 지금 나의 마음을 나를 모르는 타인이 이해할 수 있는 언어로 표현하기는 너무 어렵고, 내 대부분의 삶이 어려움을 타인의 탓으로 돌려야 겨우 오늘이 살아지는 것도 어느 정도는 이해한다. 그럼에도 그 쏟아내는 마음을 얼마만큼 받아주고, 얼마만큼 거리를 두어야 하는지 매번 수수께끼 같다. 높고 낮음이 없는 일관성 있는 태도의 유지, 무조건 나부터, 나의 욕구부터 해결하기를 원하는 요청에 원칙을 지켜야 하지만 과정을 받아들이기 어려운 마음을 달래는 것은 쉽지 않다.

흐트러진 마음 때문인지 모니터는 몇 시간째 같은 화면이다. 우선순위를 다시 정해서 일정을 바꾸고, 거칠어진 나의 마음 밭을 돌아보고, 같이 일하는 실무자들의 마음을 은근히 살핀다. 무거워진 사무실 공기의 흐름에 숨통 트이게 하는 일이 필요한데 딱히 아이디어는 없다.

전화를 끊고 나서 같이 일하는 동료들과 머리를 맞대고 어떻게 하면 좋을지, 어느 선까지가 우리의 최선인지를 고민해본다. 청소년과 다시 통화하고 문자를 보내고 만날 약속을 잡는다. 한숨을 돌린다. 여전히 무례한 태도와 날 선 목소리지만 익숙하지 않은 과정을 해보려고 하고 있으므로 이해하려고 한다. 처음이 쉽지 않았듯이 앞으로 함께해야 할 시간도 쉽지 않으리라는 예감이다. 그럼에도 시간이 지나고 관계가 쌓인다면 일방적으로 뿜어내는 마음 너무 뜨겁기만 해서 대화를 어렵게 하고 관계를 쌓지 못함을 말해줄 수 있는 날이 올지도 모르겠다는 기대도 품어본다.

우리는 청소년이 혼자서도 지속 가능한 삶을 살아가기 위해 무엇부터 하면 좋을지 청소년과 같이 계획을 세우고 실천에 우선순위를 정하고, 움직여본다. 과정을 같이하면 일상의 몸과 마음의 건강을 살피고, 끼니와 주거환경을 살핀다.

청소년과 무엇을 어떻게 하고 싶은지 의견을 나누고, 적절한 방법을 고민하기도 전에 마치 맡겨놓은 보따리를 되돌려달라는 것처럼 드르릉드르릉 돌진하는 일들이 생기기도 하는데 이 과정에서 파열음이 생긴다. 슬프게도 요즘은 너무 자주 일어나는 일이다.

모든 일에는 처음이 있다. 19세쯤 되었다면 누구나 알 것이고, 경험해 봤을 것이라고 추측하는 일임에도 오히려 처음인 경우가 있다. 그래서 한땀 한땀 물어가며 맞춰가지 않으면 혼자만의 생각으로 판단하고 넘겨짚고 오해하기도 한다. 말하지 않으면 알 수 없는데도 그 마음을 다 알아주기를 바라기도 하고, 나쁘게는 이번처럼 폭풍 같은 시간을 보내기도 한다. 계획이라는 것을 세워본 적이 없는 청소년도 있고, 무엇부터 해야 할지 모르겠다는 청소년도 있다. 갑자기 집을 잃고 갈 곳이 없어지기도 하고, 수중에 돈이 없어서 사무실까지 올 교통비가 없다는 청소년도 있다. 물론 각자의 삶을 씩씩하고 당당하게 꾸려가는 이들이 더 많지만 그렇지 않은 기억이 더 많은 자리를 차지하는 것 같다.

그것이 무엇이든 청소년 스스로가 계획하고 시작할 수 있는 동기가 되어주고 용기가 되어 주는 과정을 함께 하고 있다고 믿는다. 가끔은 마음이 너덜너덜해지고, 도망가고 싶어지는 때도 있지만 우선으로 마음에 두어야 할 것이 무엇인지 챙겨본다. 마음도 쓸수록 닳는다. 닳아 없어지기 전에 마음을 채우고 점검해야 한다. 혼자서 하기 어려울 때면 같이 있는 동료들의 마음을 빌리기도 하고, 손을 빌리기도 한다.

같이 일하는 우리는 참으로 애쓰고 있다. 우리가 이렇도록 마음 밭이 들쑥날쑥해지도록 애를 쓰는 이유는 청소년의 가능한 삶을 살아낼 수 있게 하기 위함이다. 대부분의 날의 머릿속이 뒤죽박죽 정리가 안되고, 너무 자주 폭죽이 터지듯 화가 나기도 하고, 아쉽게도 너무 가끔만 반짝반짝 빛이 나지만, 언젠가는 나도 모르게 은근한 미소가 나오는 꽃밭 같으면 좋겠다는 생각을 해본다.

내일 점심은 닳은 마음을 채우기 위해 조개를 한솥 삶아 동료들과 나누어 먹을 예정이다. 무거워진 사무실 공기를 환기하는데 괜찮은 방법인 것 같다. 몸과 마음을 든든히 채워 우리도 청소년들도 가능한 삶을 꿈꿔본다.

가치구현체계에 따른 실무 역량강화
들꽃 비전이 나의 비전이 되기까지

들꽃의 비전이 나의 비전이 되기까지

장지용

2022년 들꽃 새밭토끼풀가정에 입사하고 2번째 출근 날 시설장님이 파일 한 권을 주셨다.

"선생님 이거 한번 읽어 보세요" '가치구현체계' 라고 적혀 있었는데 사실 크게 이해가 되지 않았던 것 같다. 흠…. 이게 무슨 말인지도 이해가 되지 않았고 새로운 학문을 접하는 느낌이 들었던 것 같다. 아무런 들꽃의 역사를 알지 못했던 나는 아직 이해하지 못했었다. 그렇게 읽었던 내용은 잊고 일하면서 시간이 지났던 것 같다.

그렇게 24년이 밝았고 들꽃의 새로운 비전을 만들어야 한다는 이야기를 들었을 때는 막막함이라는 생각이 가득했다. '내가 들꽃이라는 곳의 비전을 만드는 것에 참석하는 것이 옳을까?' 내 안에 이러한 생각이 가득했던 것 같다. 지금까지 경험했던 나의 단체는 오히려 윗선에서 정해줘서 행하는 경우가 많았기 때문에 나에게 한 단체의 비전을 함께 고민하고 준비하자고 이야기하는 들꽃의 초청은 설렘보다는 걱정이 앞서 '내가 들꽃에 대해 얼마나 알고 있을까?' 내 안에 질문을 수없이 반복했던 것 같다. 그렇게 입사 했을 때 시설장님께서 보여주셨던 파일이 생각났다. 처음 읽었을 당시에는 너무나도 어려웠던 내용이라 과연 도움이 될까? 싶었지만 파일을 열며 무작정 읽어보기 시작했다. 파일을 읽으며 그래도 1년 동안 아이들과 함께 생활하며 선배 교사분들의 가르침을 받은 탓일까? 그동안 보이지 않던 부분들이 조금씩 이해되고 보이기 시작하였다. 들꽃의 역사가 읽어지고 너무나도 복잡했던 내용들이 완벽하게는 아니지만 읽고 이해할 수 있는 시간이었다. 감사하게도 전 직원이 모이기 전 경기지부가 모여 가치구현체계에 대한 국장님의 설명을 들으며 더 많이 이해되는 시간이었다. 들꽃의 역사와 방향성, 비전을 들으며 내가 있는 이 단체에서 나는 그저 누군가 정해놓은 시스템에 한 방향으로 돌아가는 톱니바퀴 같은 존재가 아닌 중요한 역할을 맡고 있음을 알게 되자, 다음 5년의 들꽃은 어떻게 나아가면 좋을지 고민하기 시작하였다.

　4월 전 직원 모임 일정이 얼마 안 남았을 때 나의 생각은 청소년의 자립과 소통이라는 두 단어에 많이 집중하며 생각하였다. 가정에 자립준비 청년이 많았던 영향과 소통하는 것이 어려운 청소년과 자립 생들을 보며 실무자와 청소년, 자립생 모두 소통하면 끌어 주고 밀어주는 더 좋은 들꽃이 될 수 있지 않을까? 라고 생각하였다. 시설장님과 선생님과 생각들을 공유하고 소통하며 다음 들꽃의 비전에 대한 기대감이 조금씩 커졌던 것 같다. 그리고 4월 17일 전 직원 모임에서 김현수 이사장님과 조순실 대표님 그리고 정건희 이사님의 말씀 및 활동을 진행하며 내가 가지고 있던 생각을 정리하고 어렵게만 생각했던 비전을 설정하는 과정이 모두가 함께 참여하고 의견을 내는 과정을 통해 진행되어 가는 과정이 이것이 들꽃이 가진 힘이 아닐까 생각하는 순간이었다. 비전 설정의 단어들이 정해지고 이후 기간별 비전 설정의 기간 동안에 시설장님과 선생님들의 의견이 우리 기관의 비전으로 설정되었고 내가 일하는 새밭토끼풀가정 다음과 같은 비전 문장을 완성하였다.

새밭토끼풀가정 비전문장
1. 청소년의 자립역량강화는 곧 세계 시민성 향상이다.
2. 실무자와 청소년이 책임감 있고, 건강하고, 즐겁게 산다.
3. 독립적이 존재로써 서로 소통하고, 도전하며 건강한 사회구성원이 된다.

이렇게 비전 문장이 완성되니 내가 있는 이곳에서 내가 해야 하는 역할에 대해 고민하게 되었다. 어떻게 자립역량을 키울 수 있을까?, 또 청소년들에게 책임감을 키울 수 있도록 도울까? 등등 비전 문장에 대해 자연스레 교사로서 다가올 5년 동안의 아이들에게 어떻게 지도하면 좋을지 자연스레 이어졌다. 내가 입사 했을 때는 기존 비전의 배경과 방향성을 이해하지 못했었다. 그래서인지 나의 열정만을 앞세우며 아이들을 지도했던 것 같다. 그래서 상처도 많이 받고 때로는 내가 할 수 있는 역량이 이 정도 수준인가 생각하던 순간도 너무나도 많았다. 하지만 이번 비전을 설정하는 과정을 겪으며 내가 들꽃과 같이 하고 있구나 라는 소속감과 아이들을 지도하는 길을 정하는 데 큰 도움이 되었다.

  지금 내가 가지고 있는 마음과 열정은 천천히 식고 변할 수도 있을 것이다. 짧은 사회복지사의 경험이지만 처음의 마음을 유지하는데 너무 어려움이 많았으며 목표를 잃어 버리던 순간에 마음을 다잡고 돌아가는 시간이 오래 걸린 것을 생각하면 지금 이 마음을 유지하는데에도 쉽지 않을 것 같다. 하지만 지금 정한 이 비전이 아이들을 지도하는 교사의 길 가운데 내비게이션같이 나의 길이 틀어졌을 때도 바로잡아 아이들을 지도할 수 있기를 바란다. 또한 누군가 내가 그때 설정한 비전을 가지고 아이들을 잘 지도하고 있는지 물어볼 때 "여전히 비전을 위해 최선을 다하고 있습니다!!" 라고, 말하는 교사가 되기 위해 최선을 다하는 내가 되어야겠다고 생각하게 되었다.

강점 중심의 돌봄으로 존엄성 회복, 지역사회와 연대하는 건강한 자립

김현규

'자립준비청년'이라는 용어가 최근 많이 이슈화되면서, 이를 위한 다양한 사업들이 진행되고 있다. 우리 가정에도 3명의 자립준비청년이 있다. 자립준비청년은 그룹홈이나 보호시설에서 자란 청년들이 독립적인 생활을 준비하는 과정을 의미한다.

우리 가정의 청년들은 독립적인 생활을 잘 준비하고 있을까? 나는 그들에게 적절한 지원을 하고 있는 걸까? 이러한 질문을 스스로 던지며, 나는 청소년과 청년들을 어떻게 양육하고 보호하고 있는지, 그리고 어떤 가치와 목표를 가지고 일하고 있는지를 되돌아보게 된다.

그룹홈에서 가장 중요한 목표는 자립이다. 자립은 다른 사람이나 외부의 도움 없이 스스로 독립적으로 살아가는 능력을 말하는데, 이 과정이 단순히 20살이 되거나 돈을 번다고 이루어지는 것은 아니다. 우리는 청년들이 자립을 준비하는 데 필요한 요소가 무엇인지 고민해 보았다.

우선, 우리는 청소년들을 잘 돌봐야 한다. 자립의 시기가 되기 전까지 청소년들을 어떻게 잘 돌볼 수 있을까? 잘 먹이고, 잘 입히고, 잘 배우게 하는 것은 기본적으로 중요하지만, 그 이상의 지원이 필요하다는 생각이 들었다.

우리 청소년들은 그룹홈에 들어오기 전 안전한 환경에서 생활하지 못했으며, 보호자로부터 적절한 돌봄을 받지 못했다. 특히, 우리 가정에서 생활하는 청소년들은 유아기부터 지속적인 학대를 경험해 왔고, 그로 인해 심리적으로 불안도가 높고 자존감이 많이 낮아져 있다.

한 청소년은 나이에 비해 키도 크고 덩치도 좋으며 학습 능력도 좋은 편이지만, 말수가 적고 자기 생각을 표현하는 데 어려움을 겪고 있다. 입소 후 실시한 종합 심리검사 결과, 정서적 영역에서 점수가 낮았고, 불안도가 높으며 상호작용도 부족한 모습을 보였다. 이러한 문제는 한 청소년에게만 국한된 것이 아니다.

우리 청소년들은 존재하는 것만으로도 귀하고 소중한 사람들이다. 하지만 이 사실을 인식하지 못하는 청소년들이 많다. 그렇다면 이 청소년들을 어떻게 돌보아야 긍정적인 영향을 줄 수 있을까? 회의 중에 우리는 강점 중심 모델을 활용하여 양육의 기조를 정하기로 했다.

우리 청소년들은 각자 고유의 강점을 가지고 있다. 하지만 우리는 종종 청소년들의 문제점이나 단점에 먼저 초점을 맞추곤 한다. 실무자들과의 회의에서 '1번 청소년이 오늘 이런 문제가 있었고, 2번 청소년은 어제도 이런 문제를 보였는데 오늘도 마찬가지'라는 식으로 문제 행동에 초점을 맞추는 경우가 많았다. 물론, 문제 행동이나 결점을 간과할 수는 없다. 이를 보완하고 변화할 방법을 찾아주는 것은 필수적이지만, 긍정적인 변화나 성장보다는 문제 행동에 대한 부정적인 인식이 먼저 자리 잡게 된다. 자신도 모르게 청소년의 이미지가 부정적으로 고착되는 것이다.

우리는 청소년을 바라볼 때 부정적인 이미지와 태도보다 오늘의 긍정적 변화와 성장, 그리고 강점을 발견하며 긍정적인 피드백을 제공하는 것이 더 효과적이라고 생각했다. 이를 실천하기 위해 청소년의 강점을 발견하고 긍정적인 피드백을 제공하며, 긍정적인 환경을 조성하는 데 중점을 두기로 의견을 모았다.

회의에서 청소년들의 긍정적인 변화를 이야기하면서 교사들이 주목하지 못했던 강점들을 발견하는 것은 정말 중요한 경험이 되었다. 이러한 대화를 통해 청소년과의 소통이 깊어지고, 그들이 가진 잠재력을 더욱 인식하게 되는 것 같다. 긍정적인 피드백을 주고받는 과정은 청소년들에게도 큰 힘이 되고, 실무자 간에 긍정적인 모습을 공유하는 것은 팀워크를 강화하는 데도 도움이 된다. 이런 접근이 지속되면 청소년들이 더욱 자신감을 가지고 성장할 수 있을 것이다.

일반적으로 집은 안전과 안락함을 제공하는 장소이며, 가족이나 사랑하는 사람들과의 관계가 형성되는 중요한 공간이다. 그러나 우리 청소년들에게는 집이 위험하고 불편한 장소로 기억되는 경우가 있다. 이는 과거에 보호자로부터 학대를 경험했기 때문이다. 현재 그룹홈에 생활하고 있는 청소년은 과거에 보호자로부터 학대를 경험한 청소년은 현관문 여는 소리에 긴장한다. 또한 물건을 던지거나 부수는 보호자로 인해 주방에서 깨지는 물건을 사용하는 것조차 꺼리는 청소년도 있다.

이처럼 집에서 학대가 발생했기 때문에, 우리 청소년들은 집에 대해 긍정적인 이미지와 부정적인 이미지가 혼재된 복잡한 경험을 안겨준다. 따라서 우리는 우리 집(그룹홈)을 외부의 위협으로부터 보호받을 수 있는 안전한 장소로 만들고, 편히 휴식을 취하며 회복할 수 있는 공간으로 만들어 나가고자 한다.

앞서 말했듯이, 그룹홈에서 가장 중요한 목표는 자립이다. 이는 우리 청소년들에게도 마찬가지이다. 그들은 '자립'을 위해 열심히 배우고 훈련하고 있다. 하지만 자립이라는 개념은 청소년과 실무자 모두에게 큰 부담으로 작용할 수 있다. "어떻게 하면 잘 자립할 수 있을까?" "어떤 부분이 성장해야 자립할 수 있을까?" 이러한 고민은 언제나 이어지는 과정이다.

올해 추석에 자립생으로부터 연락이 왔다.

A자립생 : 선생님, 잘 지내시죠? 별일 없으세요?

그룹홈교사 : 잘 지내고 있어 너는 별일 없어?

A자립생 : 네, 별일 없이 잘 지내고 있어요. 명절도 되었는데 한 번 찾아뵐게요. 필요한 것 있으세요?

그룹홈교사 : 필요한 것 없어. 너 얼굴이나 보면 되지 언제 시간되니?

A자립생이 먼저 연락을 해와 함께 만나는 시간을 가졌다. 자립생은 최근에 이직을 했고 잘 적응하고 있다고 전했다. 또한, 집 계약 기간이 만료될 시점에 청년임대주택에 신청했는데 선정되었다는 기쁜 소식도 들었다. 당분간 집 문제에 대한 걱정이 없다는 이야기를 듣고 정말 안

심이 되었고, 그 어떤 소식보다 기쁜 순간이었다.

  우리가 생각하는 건강한 자립은 정서적 안정, 경제적 독립, 사회적 관계, 자기 관리 등의 요소가 잘 조화될 때 이루어진다고 할 수 있다. 자립생은 자신이 잘할 수 있는 직업을 찾아 일하고 있으며, 필요할 때 그룹홈 교사나 여러 자원을 활용할 수 있는 능력을 갖추고, 경제적으로도 독립된 상태이다. 또한, 사회적 관계도 원만하게 유지하고 있어 건강하게 자립해 가고 있는 모습이었다.

  그러나 자립생이 자립한 순간부터 건강한 자립을 이룬 것은 아니다. 자립한 이후 1~2년간 그는 정서적으로 불안해 자살을 생각할 만큼 힘든 시간을 보냈고, 경제적인 어려움으로 하루에 한 끼만 먹는 경우도 있었다. 이러한 상황을 그룹홈 교사는 알지 못했는데, 우연히 자립생의 집을 방문하면서 그 사실을 알게 되었다. 이후 경제적으로 지원받을 수 있는 방법과 자원이 연결되었고, 그룹홈 교사와의 지속적인 만남을 통해 정서적 문제도 조금씩 회복되었다. 이 경험을 통해 자립에 있어 지역사회와의 연대가 얼마나 중요한 부분인지 깨달았다.

  사회적 관계에 지나치게 의존하지 않도록 해야겠지만, 인간관계를 유지하며 독립적으로 살아갈 수 있는 지지체계와 자원이 동반되어야 한다는 점이 분명하다. 현재도 경제적으로 자립하지 못하고 하루하루 힘겹게 살아가는 자립생이 있으며, 경제적으로는 자립했지만 자기 관리가 어려워 건강이 좋지 않은 자립생도 있다.

  우리 가정에는 자립을 앞둔 자립준비청년 3명과 언젠가 자립할 청소년들이 있다. 이들이 건강한 자립을 이룰 수 있도록 '강점 중심의 돌봄을 통해 존엄성을 회복하고, 지역사회와 연대하여 건강한 자립'을 이루기 위해 지속적으로 노력할 것이다.

서른 살의 들꽃, 그리고 나.

이경태

　내가 아이들과 만나게 된 것은 스물아홉 살 작년 12월의 겨울, 시린 몸을 달래고 아이들이 행복하게 지낼 수 있는 그곳 '집'이었다. 어색하고 그저 직장이라는 생각이 스쳐 지나갈 수도 있었지만, 나에겐 아이들이 항상 웃으며 생활하고 미래에 대해 도전하고 일어서며 행복할 수 있는 세상을 꿈꾸는 나에게 가정은 나와 아이들의 꿈을 펼칠 수 있는 발판, 또는 시작점이란 생각이 들었다. 이렇게 나는 들꽃, 인애해바라기가정과의 새로운 출발이 시작되었다.

　처음엔 그저 너무 막막했었다. 사회복지에 대해서 배웠지만 학교를 졸업하고 사회복지사가 아닌 생산직으로 2년이란 시간을 보냈기 때문에 전문가로서의 현장 경험도 없는 새내기 사회복지사였고 기계와 부품 같은 정답과 순서, 짜임새 등이 정해져 있는 것이 아닌 개개인이 하나하나 다 다르고 여리고 섬세한 소중한 사람에게 '나'라는 존재가 다가가야 하기 때문에 더 막막하고 어렵고 두려운 마음에 더 그랬던 것 같다.

  선임 선생님들과 시설장님 그리고 아이들의 배려로 막막했던 마음은 사라지게 되었고 천천히 녹아들어 가며 익숙해져 갔다. 그룹홈에 대해 더 알게 되었고 아이들이 나중에 자립하게 되어 마주하는 현실과 생활환경에 대해 직접적이진 않지만, 시설장님 그리고 선임 선생님들과의 대화로 많은 현실을 알게 되었다. 그렇게 나에게 '자립'은 무거운 단어로 다가오는 동시에 어떻게 하면 아이들이 내가 전해 들은 현실과 다르게 건강한 사회환경을 누리며 행복하고 건강한 삶을 살아갈 수 있을지 고민하게 되는 찰나에 들꽃의 새로운 비전 설정을 위한 자리에 참석하게 되었다. 그 당시 나는 비전과 가치구현체계에 대해 홈페이지에서 간단하게만 접하였을 뿐, 자세한 내용과 과정은 알지 못한 채 참여하게 되었다. 그렇게 첫 비전 설정은 나에게 가치구현에 대해 '아, 이런 것이구나.'라는 느낌만 받았을 뿐 그 내용에 대해 깊게 이해하지 못해 궁금점만 남긴 만남이 마무리 되었고, 신입직원 교육에서 남은 궁금증을 해소하게 되었다.

  신입직원 교육에 가기 전 가치구현체계를 직접 읽으며 내가 생각한 궁금한 점에 대한 질문과 '똥교회 목사의 들꽃피는 이야기'의 감상문을 작성하며 들꽃의 역사, 지금까지 어떻게 아이들과 지내왔는지, 가치구현체계와 아이들과의 연관성에 대해 깊은 이해를 할 수 있었다. 대표님, 이사장님 그리고 신입 선생님들과의 대화는 즐겁고 배울 점이 가득한 보따리 같았다. 들꽃과 함께하며 있었던 에피소드, 상황을 재밌게 전달해 주었으며, 신입 선생님들의 궁금한 점에 대한 대답 또한 잘 이해가 될 수 있게 설명을 해주었다. 그렇게 궁금증이 해소됨과 동시에 청소년의 능동적인 모습, 주도성에 대해 고민을 하게 되었다. '청소년이 주도성을 갖고 사회에 나가 자신의 꿈을 실현하기 위해서는 어떤 것들이 필요할까?'라는 궁금증은 계속해서 고민하게 되었고 도보를 준비하고 진행하며 지켜본 아이들의 모습과 최근에 비전 설정 회의에서 이해하게 되었다.

 도보를 준비하는 팀인 도보TF팀에 선정되어 뜨거운 여름 아이들과 함께할 프로그램을 계획하게 되었다. 각각 맡은 프로그램을 계획하며 들꽃이 매년 진행해 오던 도보의 의미를 교사가 이해하고 그 의미를 아이들에게 전달하고 함께할 수 있게 하는 것이 교사의 역량 중 하나인 셈이다. 처음에는 이해하지 못한 채 끼워 맞추기 즉, 추구하는 방향이 아닌 다른 방향으로 나가며 아이들이 도보를 잘 참여하고 어떻게 진행할 수 있을 것인가에 대해 고민만 하던 것이었다. 그렇게 다른 길로 헤매다 한 선생님의 말이 나의 마음속에 확 다가오게 되었다. "편한 길만이 아닌 어렵고 힘든 길에서 아이들이 힘들고 좌절하더라도 그것을 함께 견뎌내고 극복하며 나아가는 것, 공동체를 알아가고 우리 들꽃 아이들은 그 놓인 상황에서 주도적으로 나아갈 수 있는 힘을 이미 가지고 있다."라는 말을 듣고 나는 두 가지 생각하게 되었다. 첫째, 도보의 의미를 잘못 이해했다. 둘째, 아이들은 내가 생각한 것과는 다르게 이미 준비가 되어 있었다. 이 두 가지에 대해 생각하고 알게 되니 도보를 준비 함에 있어 조금은 방향을 잡기가 수월했다. '아이들은 알아서 잘 참여할 거야. 아이들이 재밌어할 것들을 찾아보자.' 그렇게 다른 선생님들과 준비가 끝나고 아이들과 함께 뜨거운 여름 함께 나눌 도보를 진행하게 되었다.

  생각한 것과 다르게 아이들은 잘 걸었다. 아니, 오히려 아이들이 더 잘 걸었고 더 적극적으로 아이들 모두가 잘 견뎌내며 결과를 만들어 내었다. 날씨가 평소보다 흐리고 시원해서? 아니다. 내가 느낀 아이들은 날씨가 뜨겁고 더웠어도 잘 이겨낼 것이라 확인할 수 있을 정도로 열정적이고 '함께'를 좋아하고 개개인 모두가 주도적인 모습을 보여주었기 때문이다. 그 모습들을 보고 나는 자신에게 질문을 던지며 생각을 했다. 현재 걱정해야 할 것은 아이들이 아닌 하얀 도화지 상태에 전문성이라는 검은 점이 하나 찍혀있을지 모르는 나의 모습을 돌아보게 되었다. 이것은 내가 아니면 채울 수 없고 하얀 도화지를 전문성으로 채워 넣지 않으면 내가 아이들에게 해줄 수 있는 것은 친구와 같은 웃고 떠드는 모습일 뿐, 표면적으로 보호자로 보일 뿐인 그 이상도 이하도 아닌 아이들에게 필요한 보호자의 역할은 하지 못할 것이란 생각에 나는 큰 고민을 안게 되었고 주변 선임 선생님들에게 조언을 구하는 방법도 있지만 내가 전문적인 지식을 가지고 있지 않으면 영양가 넘치는 조언이라고 해도 일부분만 흡수할 뿐 깊은 이해는 하지 못할 것이란 생각을 하게 되었다. 걷는 활동 이후에도 아이들은 나의 기대치보다 몇 배는 더 잘해주었고 새로운 모습, 자신들의 취미 및 강점, 느낀 감정 등으로 교사와 아이들이 함께 2박 3일의 도보라는 추억을 가득 채워나갔고 고민과 생각 많은 플러스 요인을 얻어 가는 소중한 시간을 보내며 올해의 도보가 끝을 맺었다.

그렇게 우리들만의 추억을 쌓은 뒤 나는 본가로 돌아가 오랜만에 책을 펴게 되었다. 내가 제일 열심히 듣고 좋아했던 인간행동과 사회환경 그리고 저절로 손이 간 아동복지론을 꺼내 보게 되었다. 내용을 정독하진 못했지만 목차에 있는 페이지로 넘어가 읽으며 사회복지를 배울 때 나의 모습, 내가 어떤 이유로 사회복지사를 선택하게 되었는지에 대해 되돌아보고 내가 아이들에게 어떤 모습과 마음가짐으로 다가가야 하는지에 대한 고민을 하게 되었고 그 고민은 현재를 이어 앞으로도 계속 진행될 나의 과제로 남겨 내가 발전할 수 있는 원동력으로 삼을 것이다.

이렇듯 아이들의 보호 및 양육, 건강한 자립이 최우선적으로 중요하지만 뒷받침이 될 보호자의 역할을 수행하기 위해 교사는 사회복지의 전문성, 다양한 현장 경험 등의 역량을 강화하고 계속 증진시켜야 한다고 생각한다.

들꽃에서 1년 가까이 아이들과 생활하고 활동에 참여하며 내 하얀 도화지는 처음보다 더 진하게 물들어 가고 있을 것이다. 하지만 항상 부족하다고 생각하고, 단정 짓는 것이 아닌 이해로 아이들에게 다가가기 위해 더 많은 경험과 지식이 필요하다고 느끼며 현재는 회계업무와 외부 교육으로 나의 전문성을 더욱 채워나가 아이들이 건강한 성장을 하도록 옆에서 버텨주는 전문성을 가진 보호자의 역할 그리고 친구와 같은 편안함을 가지고 들꽃의 아이들과 함께 성장하며 꿈을 좇아 나아가 보려 한다.

실무자와 함께 가는 길

김영빈

  들꽃청소년세상은 청소년들의 필요와 부름에 응답해 시작됐다. 오늘까지 30년의 기간을 나아올 수 있었던 동력은 가치와 비전에 따라 세워진 목표라는 바탕과 이것에 동의하여 함께해 온 구성원들이라고 생각한다. 앞으로도 들꽃의 비전과 목표는 매우 중요하고 이보다 더 중요한 것은 함께하고 이뤄갈 구성원이다.

  나는 시설의 장이라는 구성원의 역할을 담당하면서 우리 시설이 그저 시간의 흐름에 따라 흘러가지 않고 정한 목표로 나아갈 수 있도록 실무자 각자에게 적절한 역할을 부여한다. 근무하는 시설의 특성상 한 가지 일을 집중해서 하는 것이 쉽지 않지만 함께 일하는 실무자들에게 강조하며 이야기한 것은, 청소년들을 만나는 시간에 집중해서 관찰하면서 알게 되는 것을 교대하는 근무자와 공유하는 것이다. 필요한 경우 시설장과 실무자들에게 실시간으로 공유하고 보통은 운영일지와 근무일지를 통해서 진행된다. 이 과정들의 반복과 청소년들과의 대화를 통해 실무자들의 역할수행이 잘 되고 있는지, 방향이 시설의 목표와 중점과제를 향해 가고 있는지를 확인할 수 있다.

　청소년들은 시설에서 시설장을 포함한 실무자들을 모두 겪는다. 함께 여행을 가고, 밥을 먹고, 대화하고, 시간이 되면 각자의 자리에서 잠을 잔다. 나는 청소년들이 실무자 간의 빈틈을 노리고 발을 뻗으려고 하는 행동이나 말하는 것을 들으면 보통은 재미있다고 생각한다. 청소년들이 지금까지 살아오던 삶의 생존 기술이라는 생각이 들기도 하면서 청소년에게 적당히 맞장구치기도 하고, 때로는 그렇지 않다고 말하며 정확한 사실을 알려주며 반응한다. 어느 날 당직 근무자가 청소년에게 학교 마치고 바로 컴퓨터학원으로 간다는 연락을 받았다. 평소 귀가하는 시간에 들어오는 청소년에게 수고했다고 말하며 늦은 저녁을 차려주어 먹도록 하고 다음 날이 된다. 여러 날 후에 그 청소년이 생계급여를 본인의 계좌로 옮겨서 사용한 것을 알았는데, 청소년이 등교할 때 택시를 타거나 밖에서 뭔가를 사 먹었다고 한다. 앞의 일과는 다르게 놀라고 걱정스러운 일도 있다. 평소 방학 때면 학원 일정을 마치고 귀가해서 저녁을 먹은 후에 방 침대와 한 몸이 돼서 핸드폰 게임을 하다가 잠이 든다. 평소와 같던 어느 날, 나는 청소년이 학폭의 가해자고 관련된 사건의 내용을 말해주는 형사의 전화를 받았다. 내용을 듣고 나니 정신이 번쩍 들고, 심장이 빠르게 뛰었다. 청소년과 함께 경찰서 조사를 마치고 약 50분 거리를 걸어가자고 하는 청소년에게 묻고 싶은 말들이 목구멍 가득 찼지만, 그냥 옆에서 걸으며 청소년이 간간히 물어보는 것에 관해서 내 생각과 의견을 말해줬다.

실무자들이 열심히 관찰하고 기록하고 다른 실무자와 근무 교대하며 청소년들의 내용을 공유하지만 어떤 일에 대해 쉽게 알아차리기 어렵고, 특히나 평범하게 지내는 중에는 더더욱 그렇다. 어느 겨울날 출근길을 조심히 걷고 있는데, 조금 쌓여 있던 눈 속에 인도와 차도를 구분하는 미끄러운 대리석 재질 길에 미끄러질 뻔했다. 쌓인 눈으로 보이지 않기도 했지만 익숙하게 걷던 길이라서 위험성을 놓쳤다고 생각한다. 시설에서 청소년들을 마주할 때 평범하고 익숙하게 대하는 것이 일상화되면, 외적인 면에서 긍정적으로 보일 수 있으나 내용적으로 혹시 놓치고 있는 점이 없는지 스스로 점검하는 것이 필요하다. 공무원과 시설 종사자 처우 개선을 이야기하는 중에 "밥하고, 청소하고, 애들 챙기는 일에 꼭 사회복지사가 필요한가? 처우 개선이 필요하다고 말할 수 있는 업무를 정돈되게 말할 수 있어야 한다." 얘기를 들었다. 10년 이상 일하면서 내 업무를 정돈되게 전달하지 못한다는 부정적인 생각이 잠시 들었지만, 이제 정돈하면 된다고 생각했다. 전체적인 대화와 질문을 돌이켜보니, 이래서 힘들고 저래서 어렵고 처우는 안 좋다는 투정은 의미 없다는 것이었다. 시설에서 일하는 실무자는 양육을 위한 기본적이고 일상적인 일도 당연하게 한다. 보호와 성장을 위해 규칙과 잔소리, 교육 등을 서비스한다. 최대한 청소년들 스스로 선택하고 결정할 수 있도록 정보와 기회를 제공하고 무엇보다 청소년들의 행복을 바탕으로 역할 수행한다.

　실무자의 업무는 청소년들이 시설에 입소하는 것에서 본격적으로 시작된다고 생각한다. 지금까지 마주치지 않았던 청소년과 청소년이 어느 날 같은 점에서 만나 함께 살기 때문에 서로 이해와 배려가 필요하다. 관찰하고 공유된 정보들을 바탕으로 억지로 청소년들에게 무언가를 시키지 않고, 몇 번이고 오랫동안 이야기를 나누면서 청소년들이 시설과 그들이 속해 있는 곳에서 안정적으로 구성원의 역할을 할 수 있도록 지원해야 한다. 한편으로 나의 청소년 시기를 떠올려 보면 만 24세에 자립해서 어떻게 살아갈 수 있을지 막막할 것 같다. 시설에서 지내는 시간은 제한이 있기에 실무자의 지원이 중단될 수 있다는 것이다. 어느 자립한 청소년 중에 시설에서 있을 때 누구와도 어울리지 않으려는 듯 학교를 다녀오면 방으로 들어가고, 식사 시간과 필수로 받아야 하는 교육과 활동 시간에만 참여하는 청소년이 있었다. 나중에 얘기를 들어보니 시설에 있는 그들과 자신은 다르다고 생각하고 있었다. 그래서 어울리기보다 자기를 위한 시간을 보내면서 바쁘게 살았다고 한다. 청소년은 자립한 이후 여전히 생각대로 되지 않는다며 힘들다며 전화해서 있었던 일을 말하고, 물어보기도 하며, 울기도 한다. 시간이 지나니 조금 진정됐다며 통화를 마쳤는데, 어느 날 전화가 와서 어울리는 사람들이 생겼는데, 아직 어렵긴 한데 어울리려고 노력한다고 말한다.

 최근 시설에 들어오는 청소년들 대다수가 주변과 잘 어울리지 못하고, 잘 드러나지 않는 여러 가지 어려움을 가지고 있다. 이들이 시설에서 생활하면서 점점 안정감을 가지고 생활하는 모습을 보면 나도 모르게 흐뭇한 마음이 든다. 시설과 구성원 개인의 목표가 만나 함께하는 과정에서 발생하는 시너지로 청소년들이 행복한 세상을 만들 수 있어야 한다. 구성원들이 가지고 있는 개인의 비전과 들꽃의 비전을 맞춰

가는 활동은 들꽃의 미래가 되고, 우리 청소년들이 신나게 걸어갈 수 있는 꽃길이 될 것이다.

우리의 몫을 이루는 나의 몫

조혜리

 들꽃 가족이 된지 벌써 6년차가 되었다. 들꽃 안에서 잘 영글어져 보겠다는 다짐을 했을 때가 엊그제 같은데 시간이 정말 빠르다. 그리고 올해도 어김없이 또 다가온 성과책 글쓰기 시간을 통해 글을 쓰고 있다. 글을 쓰는 것은 참 어렵다. 하지만 필요한 시간이라고 생각하기 때문에 어려움을 극복하며 느린 속도로 한 글자, 한 문장씩 적어보려 애를 쓴다. 이렇게 글을 쓰다보면 여러 생각과 질문을 스스로에게 던지게 되는데 그러다보면 자연스럽게 스스로를 되돌아보게 된다.
 나는 과연 어디쯤 와있는 것이고 잘 하고 있는 것인가? 들꽃의 미션과 비전에 따른 전략 목표를 바탕으로 나의 자리에서 나의 직무를 잘 수행하고 있는가? 나아갈 방향은 어떠한가? '몫'이란 사전에서 '여럿으로 나누어 가지는 각 부분'으로 정의되어 있다. 결국 이렇게 들꽃 안에서 우리의 몫을 이루는 '나의 몫'은 무엇인지, 나의 자리에서 어떠한 몫으로 책임과 역할을 다하고 있는지 점검하는 시간을 갖게 된다.

경기지부 사무국 간사로 지내면서 나 자신에 두고 확실하게 변화했다고 말할 수 있는 것들이 두 가지가 있다. 하나는 들꽃의 청소년들을 대하면서, 특히 청소년들과 함께 지내고 있는 선생님들의 다양한 이야기들을 듣고 함께 고민하는 시간을 가지면서 내가 청소년들에 대해 가지고 있었던 사고에 대한 유연성이 생겼다. 청소년에 대한 여러 견해와 관점들, 이를 테면 청소년이라면 혹은 청소년이니까 '~해야 한다.' 혹은 '~하면 안 된다.' 라고 생각했던 고정관념들이 많이 느슨해졌다. 느슨해지다 못해 없어진 부분도 있다. 특히 '그럴 수 있지.'와 같은 방향으로 생각할 수 있게 된 것 같다. 또 한편에서는 '이렇게도 할 수 있구나.'처럼 어느 정도 청소년들에게 가지고 있는 기대가 있었다면 때로는 그 기대 이상의 생각과 잠재력을 보여주어 놀라움을 경험하게 되었는데 이러한 경험 덕분에 청소년이라는 존재에 대한 고정관념과 사고방식이 유연성 있게 변화할 수 있었던 것 같다. 우리 청소년들을 이해하고 포용하는 것을 자연스럽게 배울 수밖에 없는 환경에 놓여져 있었음에 참 감사하다. 이렇게 사고방식이 바뀐 것 자체를 또 하나의 틀이자 관점으로 볼 수도 있겠지만 그래도 이것은 꽤 괜찮은 틀이자 관점이라고 생각한다. 우리 청소년들을 잘 이해하는 것이 그들의 편이 되어 주는 것에 대한 출발점이자 이것이 곧 그들의 주도성을 키워줄 수 있는 발판이 되기 때문이다.

다른 하나는 역설적이게도 사고의 유연성이 굉장히 줄어든 분야가 있다. 사실을 줄어들었다는 표현도 맞지 않다고 생각한다. 행정 및 회계 업무는 처음 임했을 때부터 유연성 있게 하지 않으려고 노력했기 때문이다. 들꽃 안에서 그렇게 배워왔고, 그것이 이 업무를 잘 진행할 수 있는 기본 중의 기본이라고 생각해 왔다. 그래서 항상 성실하게 임하고자 부단히 노력 중인데 이렇게 노력하고 있는 것 자체를, 유지하려고 애쓰는 것 자체를 좋은 변화의 하나로 보고 싶다. 특히 회계 업무를 하면서 가끔은 본의 아니게 그룹홈 선생님들을 괴롭혀 드리는(?) 것 같아 죄송한 마음이 들 때가 있다. 하지만 잘 이해해 주시고 신속하게 처리해 주셔서 감사하다. 그리고 이렇게 이 업무를 꾸준히 잘 할 수 있도록 가지고 있는 지식과 역량을 나누어 주시고 동행해 주시는 분들과 계속 함께하고 있는 것도 참 감사하다.

이렇게 보니 결국 전부 다 연결되어 있음을 새삼스럽게 다시금 새기게 된다. 연결되어 있기에 들꽃 안에서 우리 청소년들을 중심으로 영향을 주고받으며 서로 함께하고 있는 것, 추구하고 있는 것들을 떠올려 본다. 그 모든 과정 안에서 드러나는 우리의 몫을 생각해 본다. 그리고 그 우리의 몫을 이루기 위한 나의 몫을 생각해 본다. 나의 몫을 해내는 그 과정 안에서 내가 하고 있는 업무가 우리 청소년들에게 어떻게, 어떠한 영향을 줄 수 있는지 계속 생각하다보면 정신이 번쩍 들지 않을 수 없다. 앞으로도 나의 자리와 직무에서 청소년들과 삶을 나누는 일원이 되어 성장하는 삶을 살 수 있도록 노력하겠다는 다짐을 한다.

배움

김다희

KOICA에서 한국의 아동복지시설 중 그룹홈에 대한 안내와 강의를 파라과이 공무원들을 대상으로 해달라는 부탁을 받으면서 '아동복지시설 운영사례 연구활동'이 시작되었다. 아모센스참나리가정의 은효정 시설장님을 주축으로 같은 가정의 김하랑 사회복지사, 야긴새벽이슬가정의 정지숙 선임사회복지사, 그리고 글을 작성하고 있는 아모텍진달래가정의 김다희 사회복지사 등 총 4명이 참여하였다.

첫 모임에서 우리는 그룹홈 외 다양한 아동복지시설에 대해 같이 연구하면 좋을 것 같아 지역아동센터, 돌봄센터, 그 외 아동복지시설로 구분하여 한명이 한 개의 아동복지지설을 맡아 담당한 시설에 대해 설립 배경, 역사, 사회적 환경, 통계자료, 설치 조건, 대상자, 종사자의 자격, 재원, 프로그램, 절차 등을 조사하는 것으로 의견을 나누었다. 약 5개월 정도 근무를 한 시점에서 스스로 부족함을 느끼고 있었기에 이 기회에 공부하려는 마음을 가지고 그룹홈을 맡고 싶다고 전했다. 그렇게 나는 그룹홈에 대해 공부하기 시작했다.

두 번째 모임을 준비하면서 연구모임을 하길 잘했다고 생각했다. 대학생활 내내 코로나로 인해 배운 것이 없다고 느껴질 정도로 아는 것이 없었다. 직접 그룹홈에 대해 자료를 찾고, 공부하면서 근무를 하면서 생기는 궁금증을 일부분 해결할 수 있어 도움이 컸다. 우리는 조사한 내용을 공유하여 아동·청소년 시설 간 각기 다른 운영체계, 목적, 이용자에 따른 운영방식, 정부의 지원체계 등을 알아보았다. 지역아동센터, 돌봄센터, 청소년 쉼터, 드림스타트 등 익히 들어 친숙하고 업무 간 연계도 많은 기관들이지만 이번 모임을 통해 자세히 알게 되었다. 이렇게 다른 기관에 대한 이해는 앞으로 청소년 사업을 하며 유기적 연관과 도움이 필요할 때 유용하리라 생각한다. 이번 학습을 통해 얻은 정보가 가정 이사할 때 실제 사용이 되기도 하였다. 이사할 집 거실 실측을 하며 안산시 주무관이 그룹홈 설치기준에 맞지 않는다고 하였으나 모임 준비를 하면서 그룹홈의 시설 기준과 설치 근거 등을 공부하였기 때문에 주무관과 다시 그룹홈 설치기준을 살펴보며 명확히 이해할 수 있었고, 이 경험은 나의 효용감을 높여 주어 더 높은 학습동기가 되었다.

다음 모임에서는 추가 자료조사를 하였고 각 시설에서 이슈되고 있는 기사를 찾아 공유했다. 이를 통해 운영의 문제점, 시설 감소 및 확대, 종사자 처우개선, 자립준비청년 지원에 대한 문제가 있다는 것을 알게 되었다. 아동 수에 맞춰 예산을 책정받는 시설들은 예산 부족을 겪고 있으며, 이는 인건비 부족으로 이어져 전문적인 지식과 기술이 요구되는 사회복지사에게 적절한 보수가 지급되지 않는 문제를 야기하고 있었다. 또한, 시설들 간의 유사한 복지서비스 제공으로 한정된 아동과 자원을 두고 경쟁하는 현상이 생겨나고 있으며, 그룹홈에서 자립한 아이들은 자립 후 5년이 지나면 지원을 받지 못해 어려움을 겪고 있었다. 아이들을 위해 만들어진 제도가 아이들을 안정적인 성장을 시키지 못하고 있지는 않은가?, 아동 수가 줄어들면서 더 많은 아동들에게 지원해 줄 수 있는 비용이나 시간이 있지 않을까?, 그렇지만 아동의 수가 줄어들게 되면 아동복지시설에 종사하고 있는 나와 같은 종사자들은 어떻게 될까? 등 여러 고민과 생각이 들게 되는 시간이었다. 이러한 문제점들을 확인하며 자립준비청년에 대한 지원 문제가 그룹홈에서 일하고 있는 나에게 가장 중요한 문제라고 생각했다. 자립 후 5년이 지나면 지원이 중단되는 현재의 제도는 자립준비가 완벽히 이루어지지 않은 청년들에게 큰 어려움을 주고 있다. 자립준비청년이 안정적으로 사회에 정착하고, 성숙한 사회 구성원으로 성장할 수 있도록 도와주기 위해서는 지속적인 지원을 제공할 수 있는 제도적 보완이 필요할 것 같다.

그동안 진행했던 연구모임의 자료들을 참고하여 한국국제협력단의 파라과이 공무원들을 대상으로 '한국 그룹홈 및 지역아동센터 운영사례'라는 주제를 가지고 은효정 시설장님께서 강의를 진행하였다. 파라과이 공무원 대부분 한국의 그룹홈 운영 방식에 대해 깊은 관심을 보였고, 그 외에도 그룹홈과 다른 아동복지시설에 대한 운영방식의 차이 등에 관한 질문들이 많았다. 이를 통해 파라과이 공무원들이 한국의 아동복지시설 운영에 관심과 호기심을 가지고 있음을 알 수 있었다. 강의를 들으면서 그동안 연구모임을 하면서 자료조사했던 내용들을 되새기며 다시금 정리하는 시간이 되었으며, 우리가 조사한 내용과 시간들이 더욱 의미있게 느껴졌던 강의였다. 또한, 타국의 공무원들에게 한국의 아동복지시설 운영사례를 소개할 수 있어 큰 자긍심이 생겼다.

그룹홈에서 일하게 된 이후, 아이들에게 '선생님'이라는 호칭을 듣는 일이 때로는 무겁고 큰 책임감을 느끼게 했다. 사실, 이 일을 시작할 때만 해도 그룹홈에 대해 잘 알지 못했으며, 무엇보다 아이들에게 어떤 영향을 미칠 수 있을지에 대한 고민이 많았다. 하지만 아이들과 함께 생활하면서, 그들이 나를 통해 많은 것을 배우기를 바라는 마음만큼, 나 또한 그들에게 더 많은 것을 주기 위해 끊임없이 배워야 한다는 사실을 절실히 깨닫게 되었다.

아이들에게 긍정적인 영향을 주기 위해서는 내가 먼저 성장해야 한다는 생각이 들었다. 앞으로 교사로서 역량을 강화하여 아이들과의 관계를 더욱 깊이 있게 형성할 방법을 고민하고, 그들이 자립적으로 살아갈 수 있도록 실질적인 도움을 주기 위해 노력할 것이다. 언젠가는 아이들이 나를 돌아보며 "선생님을 통해 많은 것을 배웠다"고 느낄 수 있도록, 계속해서 배우고 성장하는 교사가 되고 싶다. 더 나아가, 그들이 앞으로의 삶에서 직면할 어려움들을 헤쳐 나갈 수 있도록 도와주는 선생님이 되기 위해, 끊임없이 노력하고, 발전하는 모습을 보여주고자 한다.

나아가는 길

정지숙

　들꽃에서의 6년의 길은 결코 쉽지만은 않았지만, 지난 6년간의 경험을 통해 저는 많은 것을 배우고 성장할 수 있었습니다. 처음에는 아이들과의 소통이 서툴렀지만, 시간이 지날수록 그들의 마음을 이해하고 신뢰를 쌓아갈 수 있었습니다. 또한 동료 사회복지사들과 협력하며 팀워크의 중요성을 깨달았고, 그들로부터 많은 것을 배웠습니다. 어려움도 있었지만 그 과정에서 긍정적인 마인드를 기르고 문제 해결 능력도 키울 수 있었습니다.

　이제 7년차에 접어들며, 저는 그동안의 여정을 뒤돌아보게 됩니다. 힘든 순간도 있었지만, 그 모든 과정이 제 삶에 큰 의미와 가치를 부여해 주었다는 것을 깨달았습니다.

　아이들과 함께한 일상은 언제나 새로운 경험과 배움의 연속이었습니다. 처음에는 그들의 행동을 이해하기 힘들었지만, 시간이 지날수록 아이들 마음속에 담긴 이야기를 읽을 수 있게 되었습니다. 어느 날, 한 아이가 슬픈 얼굴로 "내가 결혼할 때 나는 누구랑 입장해?, 엄마아빠 자리에 누가 앉지?"라고 물었습니다. 그때 저는 처음으로 아이들이 사회에서 느낄 수 많은 어려움을 직면할 수 있었습니다. 그들은 앞으로 단순히 위로와 공감이 필요한 것이 아니라 함께 어려움을 극복하고 도움을 주는 어른이 필요하구나를 느껴습니다. 그 후로 저는 아이들의 입장에서 생각하고 그들을 공감하며 실직적인 도움을 주기 위하여 노력했습니다.

아이들과의 경험을 통해 저는 순수함과 진실성의 가치를 배웠습니다. 그들은 솔직한 감정 표현과 행동으로 저를 가르쳤고, 제가 때로 잃어버린 본래의 모습을 되찾을 수 있게 해주었습니다. 또한 작은 일에도 기뻐하며 긍정적인 마음가짐을 갖는 아이들의 모습에서 삶의 진정한 행복이 무엇인지 깨달았습니다.

이렇게 아이들과 보낸 시간은 저를 성장시켰고, 그들을 대하는 제 자세와 마음가짐에도 큰 변화를 가져왔습니다. 처음에는 단순히 보호자로서의 역할에 치중했지만, 이제는 그들의 진정한 가족이 되고자 합니다. 아이들 한 명 한 명의 개성과 특성을 존중하고, 그들의 잠재력을 이끌어내는 데 힘쓰고 있습니다. 어려움도 있지만 그들의 행복이 곧 제 행복이라는 마음가짐으로 매사에 최선을 다하고 있습니다.

지난 6년간의 경험은 제게 큰 개인적 성장의 계기가 되었습니다. 아이들과 동료들과의 소중한 만남을 통해 저는 많은 어려움과 도전에 직면했지만, 그 과정에서 얻은 교훈은 저를 한 단계 성숙한 사회복지사로 이끌어 주었습니다.

아이들과 함께하며 겪었던 여러 상황들은 저의 인내심과 극복력을 기르는 데 큰 도움이 되었습니다. 때로는 아이들의 반항적인 태도나 행동으로 힘든 순간도 있었지만, 그럴 때마다 저는 그들의 입장에서 생각해보려 노력했습니다. 그리고 작은 진전이라도 있을 때마다 기쁨을 느끼며 긍정적인 마음가짐을 갖고자 했습니다. 이렇게 어려움을 극복하는 과정에서 제 인내심과 긍정적인 사고방식이 점점 더 단단해졌습니다.

또한 동료들과의 협력을 통해 저는 소통과 배려의 중요성을 깨달았습니다. 서로 다른 의견이 있을 때도 열린 자세로 경청하고 이해하려 노력했습니다. 그리고 동료들의 조언과 지지는 저에게 큰 힘이 되었습니다. 이러한 경험을 통해 저는 타인을 존중하고 배려하는 자세를 배웠으며, 이는 아이들과의 관계에서도 큰 도움이 되었습니다.

무엇보다 이 일을 통해 긍정적인 마인드를 가질 수 있게 되었다는 점이 가장 큰 성과라고 생각합니다. 처음에는 작은 실수나 어려움에도 쉽게 좌절했지만, 시간이 지날수록 긍정적인 시각으로 바라보게 되었습니다. 아이들의 밝은 모습을 보며 저 또한 희망을 잃지 않고자 했습니다. 그리고 작은 성취감을 기쁨으로 여기며 삶의 긍정적인 면에 주목하게 되었습니다. 이렇게 긍정적인 마음가짐을 갖게 되면서 제 삶의 질도 높아졌고, 더 행복한 삶을 살 수 있게 되었습니다.

이처럼 지난 6년간의 경험은 저에게 많은 성장의 기회를 주었습니다. 어려움도 있었지만 그 과정에서 얻은 교훈은 제 인생에 큰 의미를 부여해 주었습니다. 앞으로도 이 소중한 경험을 바탕으로 더욱 발전해

나가는 사회복지사가 되고자 합니다.

  지난 6년간 아동청소년그룹홈에서 일하며 저는 무엇보다 아이들을 사랑하는 마음의 중요성을 깨달았습니다. 아이들 한 명 한 명을 진심으로 대하고 이해하려 노력했을 때 비로소 그들의 마음을 열고 신뢰를 쌓을 수 있었습니다. 또한 어려움 속에서도 긍정적인 마인드를 갖는 것이 중요하다는 것을 배웠습니다. 아이들의 밝은 모습에서 힘을 얻어 제 자신도 희망을 잃지 않고 극복해 나갈 수 있었습니다.

  이렇게 배운 소중한 가치들을 바탕으로, 앞으로도 저는 더욱 성숙한 사회복지사가 되기 위해 노력할 것입니다. 아이들 한 명 한 명의 행복을 위해 최선을 다하고, 그들의 잠재력을 이끌어내는 동반자가 되겠습니다.

야긴새벽이슬가정 설립20주년

김동은

 야긴새벽이슬가정은 2004년 4월 청소년공동체 들꽃피는마을과 (주)야긴코퍼레이션의 파트너쉽으로 설립이 되어 다음해인 2005년 04월 18일자로 지자체 신고가 되면서 지자체 정식인가 시설이 되었고 경기도 안산시 단원구 와동768-10번지에서 공동생활가정 운영을 시작한 이후 네 차례의 이사를 통해 선부동 현주소지에 정착하게 되었다.
 야긴새벽이슬가정 설립기관인 (주)야긴코퍼레이션은 의류제조 기업으로 1996년 '마음을 따뜻하게, 몸을 아름답게'라는 사훈으로 창립되어 1997년 (주)야긴코퍼레이션 법인 전환 후 당시 (주)야긴코퍼레이션의 초대 사목이셨던 윤재병목사님의 소개로 들꽃피는마을을 알게 되면서 김현수 이사장님의 청소년들에 대한 확실한 비젼과 열정에 반해 파트너쉽으로 야긴새벽이슬가정을 설립하게 되었다.
 야긴새벽이슬가정은 2004년 4월 설립 이래 현재까지 총11명의 종사자와 만기자립생과 원가정 복귀생을 포함하여 40여 명이 넘는 자립생을 배출하였다. 양육과 보호중심의 지원은 물론 다양한 성장의 기회를 접하면서 적극적이고 활발한 청소년시기를 보내고 있는 야긴새벽이슬가정의 청소년들은 2005년부터 사)들꽃청소년세상이 제시한 국내와 해외에 배려깊은 지역사회를 건설하고자하는 비젼으로 네팔,탄자니아,몽골에 설립한 그룹홈의 해외 청소년들과의 국제교류를 통해 국제적인 안목을 넓히고, 상호 문화를 이해하고 존중하는 글로벌 리더가 될 수 있도록 제공하고 있는 해외교류 탐방 활동으로 2016년부터 4회에 걸쳐 총11명에게 중국, 네팔 등의 해외 탐방의 기회도 주어졌다.

또한 들꽃청소년세상의 후원기업의 청소년 꿈 지원 장학금지원사업을 통해 2017년부터 2024년 현재까지 누적인원 20명의 야긴 청소년들이 학습지원을 포함한 자신의 꿈을 개발하고 찾을 수 있는 다양한 배움의 기회제공의 장학금 지원을 받고 있고 자신의 꿈을 이루기 위한 첫 발걸음으로 애니메이션 창작과정, 메이크업 아티스트교육과정, 네일아트 교육과정 등의 진로탐색 교육과정과 예체능 교육과정인 피아노학원, 주짓수, 태권도, 킥복싱등의 과정과 학업교과 과정을 위한 영어, 수학학원 토익,컴퓨터학원 등의 교육 지원을 받고 있다.

이렇게 많은 기회와 지원으로 성장한 야긴가정 자립생들은 현재 제주도부터 강원도에 이르는 전국에서 사회구성원의 한 일원으로서의 역할을 잘 해내며 일반직장인, 동물병원간호사, 메이크업아티스트, 백화점 점원, 프리랜서, 사회단체활동가,사회복지사,직업군인,대학생,취준생등 너무나 다양한 모습으로 각자의 자리에서 최선을 다 하고 있다.

　2024년 4월 야긴새벽이슬가정 설립 20주년을 맞이하여 설립기관인 (주)야긴코퍼레이션의 하남 본사에 초대를 받아 함께 축하하고 감사의 마음을 나누는 시간을 통해 초창기 작은 규모의 회사를 운영하면서 감당하기 어려웠음에도 불구하고 야긴가정을 설립한 이야기부터 몇 해 전 양주공장 인근에서 시작된 화재로 인해 공장이 전소되는 큰 시련에 이어 2019년 코로나 팬데믹으로 인해 전 세계가 셧다운되면서 회사의 사활을 걸어야할 만큼의 큰 어려움에 부딪쳤을 때에도 그 누구 한 사람도 야긴새벽이슬가정에 대한 후원을 줄여야 한다는 말 한마디 없이 꿋꿋하게 기도와 믿음으로써 그 어려웠던 고비들을 함께 해 준 임직원들에게 감사의 마음을 전하신(주)야긴코퍼레이션 이종만 사장님은 그 누구보다 더 뜻깊은 야긴새벽이슬가정의 설립 20주년을 맞이하며 스스로에게 있어 '야긴가정'은 어떤 의미인가를 생각했을 때 야긴은 '누

군가에게는 '생명'이고 '사명이다'라는 마음으로 20년이라는 그 긴 시간 동안 변함없이 후원할 수 있었던 것에 깊은 감사를 드리며 야긴새벽이슬가정 존재의 의미를 더해 주셨다.

  그 오랜 시간 동안 많은 이들의 삶의 공간이었던 야긴새벽이슬가정! 그 안에서 성장한 우리 청소년들! 그리고 그들을 지켜주신 많은 분들의 정성과 노고의 열매로 맞이한 설립 20주년! 소중한 우리들의 성장과 눈물의 이야기들 하나하나가 모여 지금의 20년을 이어 왔듯이 앞으로도 우리 청소년들의 든든한 기둥이 되어줄 야긴새벽이슬가정의 설립 20주년을 축하하고 감사드린다.

우리 아이들에게 평화를

장현호

전쟁은 19세기의 일, 20세기에는 종결된 일로만 알았다. 지구촌 여기저기서 분쟁이 없는 것은 아니지만 그건 국지적이어서 나와는 상관없는 일, 나에게 영향을 끼치지 않는 일 정도로만 알았다. 인류애를 가지고 그 비극적 장소와 사건에 심정적으로 애닳아 하는 것 외에 나의 역할은 없어 보였다. 그러나 2022년 러시아의 우크라이나 침공이 시작되고 그 전쟁은 아직도 진행형이다. 팔레스타인에서는 하루가 멀다 하고 아이들과 노인들이 죽어 나간다.

러시아와 우크라이나 간 전쟁이 발발하자 러시아에서는 천연 원료 수출을 중단했고 유럽을 필두로 우리도 전기요금, 도시가스 요금이 줄줄이 여러 번에 걸쳐 인상되었다. 특히나 밀수출이 중단되어 우리 아이들에게 빵은 가벼운 간식이 아니게 되어 버렸다.

우리 아이들이 전쟁을 역사 교과서에서 배우고, 전쟁의 교훈으로 평화의 세상을 살며, 각종 신기술과 IT의 혁신 등으로 풍요의 세상을 살게 되었다고 생각했던 것이 그저 백일몽으로 느껴졌다. 우리 아이들이 전쟁 없이, 평화의 세상에서 살아야 한다는 것이 이제 절박한 생존의 문제가 된 것이다. 아직 초등학교 입학도 못한 내 아들이 어딘가 남의 전쟁에 징발되는 일을 상상하자 가슴이 옥죄어 왔다.

우리 아이들에게 평화를 가르치고, 평화의 세상을 만드는 사람이 되게 하는 것은 '살아있으라! 살아남으라!'를 명령하는 일이라 느낀 우리 교사들은 먼저 이보나흐미헬레프스카의 그림책을 함께 보는 것으로 공부를 시작했다. '

'볼룸카의 일기'라는 이 책은 '야누시 코르착'이라는 폴란드 실존 교육자의 실화를 바탕으로 2차 대전 당시 한 아이의 일기 형식을 빌려 온다. 전쟁고아들을 수용하는 '고아의 집'에서 실제 200여명 아이들의 이야기를 12명의 아이들이 전한다. 전쟁이 벌어지는 와중에 아이들은 권리와, 책임과, 타인에 대한 사랑과 의무를 배운다. 결국 1942년 아이들도, 선생님도 강제수용소 가스실에서 생을 마감한다. 코르착선생은 국제연합이 1979년 어린이 인권협정을 만드는데 기초를 제공한 사람이다.

교사 교육을 목적으로한 독서 모임의 첫 책으로 '볼룸카의 일기'를 함께 읽으며 전쟁 상황에서도 지켜지는 아이들의 인권이 과연 우리 기관의 모든 시간들에 지켜지는지, 전쟁으로 결국 성인이 되어 보지 못한 책 속 아이들과 달리 우리 아이들은 안전하고 자유롭게 이 사회의 구성원이 될 수 있을지 여러 가지 고민과 생각이 많아졌다. 교사들과 함께 낭독한 책 속 문장들과 나눈 감상들은 청소년 세상의 비젼과 나의 역할을 더 명징하게 해 줬다. 교사들과 함께 나눈 이야기들이 너무 보석 같아 한 사람 한 사람의 느낌들을 정리해 본다.

이윤희(아모텍진달래가정) : 잘못을 하면 제일 먼저 아는 것은 아이들이다. 그러나 제일 먼저지적을 하는 것은 교사(나)이다. 아이들이 스스로 잘못한 것을 뉘우치기도 전에 내가 살아온 삶에 맞춰 아이들을 지적하기 바쁘고 강요하고 있는 건 아닐까? 잘못의 기준은 무엇일까? 과연 잘못이기는 한 걸까? 문득 지난 날의 나를 반성한다.

은효정(아모센스 참나리가정) : 자기 자신을 가장 잘 아는 것은 아이 그 자신이다. 지금 필요한게 뭔지, 어떤 행동을 고쳐야 하고, 어떻게 하면 좋을지 본인에 대해 가장 잘 하는 것은 항상 그 사람, 그 아이 자신이다. 스스로가 생각하고 행동하기로 마음 먹은 것을 지키려고 할때부터 아이는 달라지기 시작한다. 교사의 입장에서 아이가 얼마 만큼 바뀌었으면 좋겠다고 생각하는 건 단지 교사의 바람일 뿐이지 아이에게 그대로 적용하려고 하는 건 "이 정도가 정상이야"하고 정해 놓은 어른의 고정관념, 혹은 욕심일 뿐이다. 아이들은 자신의 성장과 변화를 놓고 교사와 약속하면서부터 마음을 먹을 것이다. 정밀 잘 해 보겠다고.., 중간에 포기할 수도 있고 마음만 먹은 채로 시간이 지나갈 수도 있다. 하지만 그 마음먹은 날 부터 아이와 교사 우리 모두 노력한다. 노력한다는 건 그 마음(약속)을 되새긴다는 것이고 행동을 바꿔보려 참기도 하고 기다리기도 하고 때로 씩씩거릴 수도 있다는 것이다. 아이가 변화와 성장을 격는 그 과정을 교사도 함께 노력하며 같이 한다. 같이 참고 기다리며, 같이 씩씩거리면서..

방초희(아모텍진달래가정) : 누군가를 용서하고 변화를 기다리는 일에는 큰 용기와 인내가 필요하다고 한다. 아직은 용기도, 인내도 부족한 교사지만 너희들을 통한 성장으로 너희에게 용기와 인내를 가르칠 수 있는 어른이 되겠다.

김은비(아모텍진달래가정) : 코르착 선생님은 우리에게 충분히 쉬라고 한다. 자라는 일은 힘든 일이라고. 뼈가 자라는 만큼 마음도 따라 자라야 한다고 한다....사랑과 지원 없이 스스로 자라야 하는, 뼈가 자라는 만큼 마음도 따라 자라고 있는 걸까? 뼈 뿐만이 아니라 마음도 자랄 수 있도록 동행하겠다. 20대의 아이들, 성인으로 불리지만 (뼈가 자란 만큼) 아직 자라지 못한 아이들의 마음이 성장하기를..

김윤희(아모엘이디코스모스가정) : 가만히 자라는 것도 힘들다. 나는 아이들의 힘듦을 알아 주었는가? 가만히 자라기만 해서는 안 된다고 몰아치진 않았는가? 다독였던가? 온전하게 기다려 주고 바라봐 주던 시간이 있었는지 가만히 곱씹게 된다.
　전쟁 중에서도 아이들은 자란다. 생명이 절벽위에 간신히 걸쳐져 있어도 우리 인간에게는 인권이 지켜져야 한다. 이렇게 아름답고 슬픈 이야기가 다시 지구상에서 재현되지 않기를 바라지만 이미 다른 땅 어디

선가는 리플레이 중인지도 모르겠다. 우리 아이들이 안전하게 일터와 학교와 집을 오고가며 동네 과일가게와 책방과 찻집에서 소소한 일상을 보낼 내일을 위해 우리 들꽃과 우리 교사들이 오늘 여기 있다.

길 위에서 만난 동지들

오성우

 본인은 MBTI 성격유형 중 'TJ'로서 평소 논리적이고 계획적인데, 우리 조 다른 선생님들에 비해 상대적으로 조금 더 계획적이었던 것 같다. 어쩌면 무언가를 후다닥 처리하는 삶의 방식이었을지도 모르겠다. 서둘러 단체 SNS 방을 개설했다.
 "안녕하세요. 들꽃 전북지부 익산청소년자치공간 다꿈 오성우 입니다. 다들 바쁘실 거 같아 일단 제가 먼저 단톡방 만들어 내일 야유회에서 함께할 4조 선생님들 초대했습니다. 내일 짧은 시간이겠지만 들꽃 공동체의 따뜻함도 느껴보고, 앞으로의 활동에 힘을 얻어가는 소중한 과정이길 바라봅니다. 제가 길치에다가 센스도 별로 없어서 우리 쌤들 중에서 한 분이 조장을 맡아 주시면 감사할 것 같고, 저는 열심히 따라가고 참여하겠습니다. 참, 시간 되실 때 여기에 자기소개도 남겨주시면 좋을 거 같아요. 저는 페이스북하고 인스타 주소 남길께요"
 들꽃 사(4조)이 선생님들도 하나 둘씩 단톡방에서 짧게나마 자기소개를 하며, 즐거운 시간과 좋은 날이 될 것을 기원해주고 있었다. 더 이상 대화가 이어지지는 않았다. 선생님들의 정보를 조금이나마 알고 가면 직접 만났을 때 대화가 원활할 것 같았다. SNS 프로필 등을 살폈다. 선생님들이 무엇을 좋아하고 종교는 무엇인지 정도의 내용을 알 수 있었다.

어색한 분위기는 어쩌면 당연했다. 삶의 배경, 활동의 현장과 경험 등이 달랐기 때문에. 하지만 들꽃 사(4조)이의 모든 활동가 선생님들은 따뜻했다. 조장을 정하거나 길을 갈 때 상대방의 의견을 먼저 물어보았고, 동료들이 말할 때 집중해주었다. 서로에 대한 배려와 미소, 친절은 오늘 활동이 더욱 즐겁고 행복하는 데 윤활유 역할을 했다.

추천 및 세상에서 가장 공정한 가위 바위 보 등을 통해 방O희 선생님이 조장님으로 결정되었다. 방선생님은 기쁜 마음으로 수락해주셨다. 우리는 수행해야 할 미션을 위해 길을 나섰다. 첫 목적지는 문화의 거리였다. 두 세 분의 쌤들은 스마트폰을 켜서 지도를 통해 우리가 가야할 길을 확인 후 말해주었다. 특히 전O진 선생님의 방향 감각과 안내는 탁월했다. 선생님은 네비게이터(길잡이)라는 별칭을 얻게 되었다.

"여기에서 한 컷 찍고 가면 좋을 것 같아요", "여기로 모여보세요" 김O이 선생님의 사진 찍는 실력은 남달랐다. 자연스럽게 구도를 잡을 수 있도록 우리에게 요청했고 선생님은 순식간에 사진을 찍으셨다. 우리들은 김선생님을 사진사라고 불러드렸다. 문화의 거리에 걷는 도중 최O화 선생님의 환호가 있었다. 너무 귀엽고 예쁜 소품샵(와펜 가게)을 발견하신 것이었다. 본인이 선물해주고 싶다면서 조원들에게 하나씩 골라보라고 하셨다. 최선생님은 그렇게 우리 들꽃 사이의 분위기를 한 층 업(up)시켜 주셨다. 우리는 그런 선생님을 열정적인 분위기 메이커라고 불렀다. 누군가는 와펜을 선물하고, 우리는 그 과정에서 서로에게 어울리는 와펜을 추천해주면서 조금씩 서로에게 한 발짝 다가가고 있었다.

장O용 선생님은 매사에 웃음을 잃지 않았다. 평범한 대화에서도, 길을 걸으면서도 그는 늘 미소를 지었다. 상대방의 질문에 혹은 본인이 누군가에게 어떤 말을 할 때 편안하고 친절했다. 몸에 배어있는 습관 같았다. 아니 습관을 넘어서 사람을 사랑하는 진정성이 느껴졌다. 우리는 그런 장선생님에게 스마일맨이라는 별칭을 드렸다.

북촌 한옥 마을 골목과 인사동 거리를 한참 걸어가면서 삶을 나누다가 우리는 점심 식사를 할 수 있는 곳을 찾아 들어갔다. 맛있는 음식을 먹으면서 우리들의 이야기는 계속되었다. 들꽃 입사 연차는 어떻게 되고, 들꽃에는 어떻게 오게 되었으며, 그 동안 무슨 일을 했는지, 그리고 지금은 어떻게 살아가며 마음과 감정은 어떠한지에 대해. 그렇게 함께했던 2시간여는 물리적으로 짧게 느껴지면서도 어느 정도 서로를 알아가는 데 충분한 시간이 되었다. 진정으로 소통하며 서로를 지지하고 응원하는 마음이 바탕에 있었다.

점심 식사 후 다음 목적지인 창경궁 쪽으로 향했다. 2차 집결지를 확인 후, 창경궁이 한 눈에 보이는 3층 카페를 찾았다. 조장님께서 사전 조사를 해오셨다. 탁월한 준비와 선택 덕분에 우리 들꽃 사이 선생님들은 시원한 곳에서 멋진 풍경을 보며 맛있게 차를 마셨다. 이 공간에서도 삶의 나눔과 지지는 계속되었다. 들꽃 오기 전 활동했던 현장에서의 고충을 토로할 때 우리들은 함께 분노했고, 더 나은 방향이 무엇인지에 대해 이야기 나누며 힘을 내자고도 다짐했다.

들꽃 전북지부는 5월 한 달 동안 달그락에 대해 안내하며 후원자들을 찾고 있는 달그락 Giver305 캠페인 활동을 진행중이다. 달그락 비전 및 후원이사회와 달그락 내 여러 조직, 구성원들도 함께하고 있다. 최근 달그락 비전 이사회의 이사로 영입하기 위해 지역의 어느 기업 대표님을 만났다. 그 분은 여러 모임에 참여하면서 목적을 상실한 조직의 모습에 실망했는데, 달그락은 목적과 가치에 따른 활동일 것 같아 참여하겠다고 말했다.

들꽃 공동체는 처음에 설정했던 좋은 비전, 목적, 취지와 다르게 움직이는 여타의 모임, 조직과 달랐다. 각자가 활동하는 지역과 현장에서도 들꽃의 비전을 성취하기 위해 노력했고, 오늘 야유회도 그러했다. 짧은 시간이었지만 서로에게 힘이 되고자 했다. 앞으로도 계속 서로에게 도움이 되는 관계가 되면 좋겠다는 다짐도 해보았다. 우리들은 그렇게 함께 걷는 길 위해서 지역, 성별과 같은 배경을 뛰어넘으며 소중한 동역자로, 존재로 자리매김하고 있었다.

각자의 색깔을 찾아주면서 힘이 되었던 2024 들꽃 야유회, 코로나 이후 약 5년만에 열려졌다. 그 전에도 매우 따뜻하고 소중한 경험으로 남아있던 들꽃의 봄 소풍은 시간이 흘러도 여전했다. 역시는 역시였다. 벌써부터 2025년 들꽃 야유회가 기다려진다.

청소년 자립지원 시스템 구축
바로 설 자리

M과 이웃으로 살아가기

조순실

   2023년 봄 자립생으로부터 연락이 왔다. 그룹홈에서 자립한 이후 몇 년은 소식을 주고받았으나 소식이 끊긴 지 오래된 M이었다.
   반가운 마음으로 신림사거리에서 만났다. 여리여리하고 내성적이던 청소년의 모습은 간데없고 어느덧 잘 웃고 질문이 많은 단단한 30대 청년으로 성장해있었다.
   M은 수원에 위치했던 자립관이 폐쇄될 때까지 살았던지라 아무 연고가 없었지만, 여전히 그 주변에서 살고 있었다. 그간 홀로 편의점 일과 청소일 등 여러 가지 일을 열심히 해왔고 지금은 청소를 주당 3일만 하면서 글을 쓰고 있다고 했다. 블로그를 보니 많은 글이 연재되고 있었다. 글을 쓰고 있어서 혼자지만 외롭지 않게 살 수 있었다고 한다. 그런데 몇 년 전 아버지가 돌아가신 후 누구와도 연락 없이 살다 보니 자신이 '무연고자'라는 사실이 뼈저리게 다가왔단다. 상담 선생님의 조언으로 들꽃을 찾게 되었다고 한다. 기쁘고 귀한 만남이 시작되었다.

M은 꿈이 분명했다. 블로그에 연재된 글과 같이 무연고자인 청년들이 만나고 사랑하고 협력하여 쉼터 등을 만드는 것, 외로운 사람들이 외롭지 않게 사는 세상을 꿈꾸었다. 만날 때마다 꿈에 대한 청사진을 그려가고 있는 것을 알 수 있었다. 그 꿈은 아름다웠고 상상력은 구체화되어 어느덧 몇 층 집을 짓고 있었다. 촘촘하고 복잡한 현실에 껴맞추어 놓다 보면 그 집은 모서리가 깨지고 부서질 것 같은 큰 그림이었다. 꿈을 이루어가려면 여러 과정을 거쳐야 할 것이고 타인과 합력할 수 있는 도구가 필요하기에 사회복지 공부를 추천했다. M은 기쁘게 사이버대학에 입학해서 열심히 공부하고 있다. M은 재주가 많았다. 공부하는 틈틈이 핸드폰으로 글만 쓰는 것이 아니라 그림도 그렸다. 짤막한 웹툰을 그려서 사이버대학 모임과 동네의 밥집을 홍보하기도 했다.

겨울이 깊어지면서 M에게 관악구로 이사 오는 것을 제안해보니 흔쾌히 좋다고 했다. 서울시에서 1인 가구가 가장 많은 지역이 관악구이다. 구내에서 대학동이 대표적인 곳이고 그곳에는 1인 가족이 살 수 있는 여러 가지 인프라가 비교적 잘되어 있었다. '참 소중한'이라는 1인 청년 중장년을 위한 쉼터가 있어 함께 방문했다. 그날은 매달 생일자들을 축하하는 통닭 파티를 여는 날이었다. 시끌벅적한 분위기와 통닭 냄새가 군침을 돌게 하는 넓지 않은 장소였다. 운영자이신 신부님에게 도움을 요청하자 곧바로 고시원 빌라를 청소하시는 분을 소개해주셨다. 씩씩하신 이분은 리어카에 '삼둥이청소'라고 써 붙이고 다니시며 홀로 일하시는 사장님이시다. 고시원 집주인들의 성향과 집들의 상태를 잘 알고 있는 이분을 통해서 곧바로 비어있는 몇 개의 원룸을 함께

보게 되었고 어렵지 않게 계약할 수 있었다. 이 사장님은 또 다른 청소년이 원룸을 구할 때 정보를 알려주셨고 M과는 언니와 동생으로 이웃이 되었다. 월세 가격도 저렴하면서 깔끔한 집을 찾아 작년 12월 말일에 법인봉고차를 빌려 우리 부부와 세 명이 힘을 합쳐 수원에서 대학동으로 이사를 했다. 이삿짐을 올려놓고 나서 주민센터를 방문하여 행정절차를 거쳐 M은 드디어 관악구민이 되었다. 집 바로 근처에 '해피인'이라는 밥집이 있어 일주일에 두 번 점심식사를 먹을 수 있고, 조금 더 가면 '참 소중한'이 있고 또 곁에 '주거복지센터'가 있어 좋다고 했다. M은 시간이 날 때마다 집 근처 복지관에서 독거노인 도시락배달과 '뿌리재단' 홍보 자원봉사를 열심히 했다.

이사 온 집이 우리 집과도 가까워 주일마다 함께 교회에 가게 되었다. 오고 가는 차 안에서와 예배 후 밥을 먹으며 M과 많은 이야기를 나누는 시간으로 우리는 서서히 이웃이 되어가고 있었다.

M은 공부하고 일하면서 끊임없이 많은 질문을 해왔다. 사회복지, 사회적기업, 협동조합, 홍보 등등... 카톡방이 쉴 틈 없이 바빴고 통화도 많이 했다. 끊임없는 탐구력으로 자신의 꿈을 실현하기 위해 전투적으로 노력하는 질문들이었다. 꿈과 현실의 갭을 어떻게 적절한 과정으로 풀어나가고 어떠한 접점으로 연결시켜야 할지 답변하기 어려운 질문이 있었다. 왕성한 사고력과 질문에 가끔은 피곤해지기도 했다. 그러다 보니 빠른 판단과 해결책으로 답변을 알려주기에 그쳤던 적이 많았던 것 같다. 늘 바쁘게 살아오다 보니 M과 대화할 때 먼저 공감하고 살피면서 여유 있는 대화를 하지 못했다고 나를 변호하는 핑계가 슬며시

올라온다. 나의 성격과 태도가 고스란히 드러나는 순간들이었다. M과의 만남을 통해 나의 사람됨을 돌아볼 수 있는 계기가 되었다.

휴가를 다녀와서 오랜만에 M을 만났다. 원하던 면접에 통과되어 지역의 직장인 극단에 들어가서 훈련을 받는 중이라고 한다. 자신보다 역량이 좋으신 분들이 많아서 배울 점이 많다고 한다. 자신이 힘들었을 때 웃음과 살아갈 힘을 주었던 희극인들과 극단 등을 복지적 관점을 가지고 자신의 꿈과 연결시켜보고자 하는 그의 생각은 좀 더 현실적으로 일관되어 가고 있다. 이제는 마음의 여유를 가지고 답변을 하고자 노력한다. 어려운 지점에 공감하면서 꿈을 현실에 접목하는 일은 지난한 과정과 오랜 시간이 필요하니 자신이 먼저 그 속에서 녹아져야 할 것이라는 취지로 답했다. 그의 마음과 노력을 충분히 공감하면서 질문에 적절한 답변을 찾기가 쉽지 않다는 것을 번번이 느낀다. 그런 나 자신에게도 노력과 시간이 많이 필요하다고 위로의 말을 전한다.

며칠 전 M은 LH 임대주택에 선정이 되었다는 좋은 소식을 보내왔다. M은 관악구에 와서 좋은 이웃이 많아지고 지역사회에서 함께 활동하면서 평생 공부하며 배우면서 꿈을 향해 나아가고자 하는 마음을 가지게 되었단다. 나도 M의 이웃이 되어 기쁘다. 그 이웃의 한 사람으로서 M이 꿈꾸는 사회를 향해서 잘 살아가길 지켜보고 있다.

이별을 딛고 만남을 준비하다

김하랑

만남과 헤어짐은 인생의 자연스러운 반복이다. 사람을 좋아하고 새로운 만남을 좋아하는 나에게 2024년 올해는 특별한 만남과 헤어짐이 있었다. 올 해의 나는 다섯 명의 아이들을 만났고, 한 명의 아이와 헤어졌으며, 또 다른 새로운 아이를 만날 준비를 하고 있다. 우리 가정의 아이들에게도 만남과 헤어짐은 남다른 의미가 있을 것이다. 이들은 여러 가지 이유로 부모와 분리되어 헤어짐을 경험했으며, 공동생활가정(이하 그룹홈)에 입소하여 다양한 사람들과의 새로운 만남을 경험하고, 또다시 함께 지내던 아이와의 이별을 맞이했으며, 이제는 새로운 만남을 기다린다.

헤어짐에는 여러 이유가 있지만 그룹홈에서의 헤어짐은 입소 아동의 자립, 원가정 복귀가 대부분이다. 원가정 복귀란 친권자인 부모, 넓게는 친인척까지 포함하여 태어나고 관계를 맺었던 가족으로 돌아가는 것을 말한다.(김진숙 외, 2021) 우리나라는 2016년 아동복지법 개정에서 원가정 복귀 지원 조항이 신설된 이후 2019년 포용국가 아동정책이 발표되면서 보호대상아동에 대한 UN 아동권리협약 중 아동 최선의 이익이라는 원칙에 근거하여 원가정 복귀 지원이 더욱 강조되었다.

  그렇다면 원가정 복귀는 왜 아동 최선의 이익이라는 원칙에 부합하는 방안일까? 우리나라 아동복지법 제4조 제3항에는 "국가와 지방자치단체는 아동이 태어난 가정에서 성장할 수 있도록 지원하고, 아동이 태어난 가정에서 성장할 수 없을 때는 가정과 유사한 환경에서 성장할 수 있도록 조치하며 아동을 가정에서 분리보호 할 경우에는 신속히 가정으로 복귀할 수 있도록 지원해야 한다."라고 명시되어 있다. 아동의 원가정과의 분리는 그 자체만으로 아동과 원가족에게 큰 상실감과 고통을 준다. 그렇기에 아동이 부모의 보호 아래 사랑받고 건강하게 성장할 수 있도록, 실무진과 학자들이 고려할 수 있는 여러 대안 중 가장 우선적인 방안인 것이다. 그러나 아이들이 원가정으로 복귀하는 과정은 단순히 집으로 돌아가는 것을 넘어서는 복잡한 여정이다. 집으로 돌아감 그 자체가 목적이 아니라, 아동과 원가족 간의 관계를 회복하고 강화하는 과정이다. 이러한 과정을 통해 아동이 원가정으로 돌아간 이후 다시 보호대상아동이 되는 것을 예방하고, 지역사회 안에서 사랑받으며 안전하게 성장할 수 있도록 하는 것이 궁극적인 목적이다. 따라서 원가정 복귀는 원가족과 실무진들이 모두 함께 만들어야 하는 과정이며 결과이다.

  올해 우리 가정에서는 한 명의 아이와 원가정 복귀의 이유로 이별하게 되었다. 원가정 복귀 전 진행해야 할 일련의 과정 중 주무관처와 아동보호전문기관, 그룹홈이 각각의 역할을 하도록 구분이 되어 있는데, 전체적인 과정은 다음과 같다. 첫째, 아동과 부모에게 여러 차례에 걸쳐 복귀 의사를 확인한다. 둘째, 아동학대 관련 학대 행위자가 관련된 보호 처분이나 교육 및 상담 등의 법적 조치를 모두 성실히 마쳤는지 확인하고, 학대 행위자가 아동 보호 기관의 사례 관리 중 재학대가 발생하지 않았음을 점검하여 가정복귀의 필수 요건이 모두 충족되었는지 확인한다. 셋째, 아동과 보호자에 대한 심리 검사와 상담을 실시하여 아동의 정확한 의사를 확인하고, 아동의 가정에 방문하여 양육환경을 점검하고 가정환경 조사서를 작성한다. 넷째, 가정복귀가 가능하다고 판단이 되면 아동과 보호자와 함께 가정복귀 계획을 세우고 가정복귀 훈련 프로그램을 이수한다. 다섯째, 아동학대사례전문위원회에서 양육환경 점검내용 및 가정복귀 훈련 프로그램 진행 경과 등을 종합적으로 고려하여 가정복귀 여부를 심의하고 최종적으로 가정복귀 여부에 대한 의견을 시·군·구에 전달하여 원가정 복귀가 이루어진다. 이 과정에서 우리 가정은 아동을 성실하게 양육하고, 사례관리 계획을 수립하고 실행하였으며, 아동 양육에 관한 전반적 상황들을 아동보호전담요원에게 공유하고, 아동양육상황 점검 등에 적극적으로 협조하였다. 이 외에 지속적으로 원가정과 아동의 관계 유지 및 회복을 위해 원가정과의 외출, 외박 및 면접 교섭 등에 적극적으로 임하였으며, 아동이 원가정과의 만나는 과정에서 어떠한 학대 요소가 없었는지 면밀하게 관찰하였다. 또한 지속적으로 원가정과의 소통을 통해 우리 가정의 아동의 양육상황에 대해 공유하고, 요구하는 양육 방식 등을 수용하며 원가정에서의 문제 상황을 조율하는 등 원가정과의 원활한 관계 유지를 위해 힘쓰며 아동이 원가정 복귀에 대한 욕구가 있는지 파악하였다. 아이가 원가정에서 부모의 보호 아래 성장할 수 있도록 원가정 복귀를 진행하면서 주무관처, 아동보호전문기관 그리고 그룹홈 각 기관이 각자의 역할을 수행하면서 네트워크를 형성하여 서로 유기적으로 소통하고 상호 협력하는 과정이 이번 원가정 복귀에 중요한 요소 중 하나였다고 생각한다. 이러한 사회적 네트워크망의 강화는 비단 원가정 복귀뿐만이 아니라, 우리 아이들이 지역사회 내에서 안전하고 건강하게 성장할 수 있는 배경으로 필수적이다.

한 아이의 원가정 복귀가 이루어지기까지의 과정이 쉽지 않은 것이 사실이다. 보건복지부 통계에 따르면 시설에서 분리보호 중인 아동이 원가정에 복귀된 경우는 2022년 17.7%에 불과하다.(보건복지부, 2022) 아동과 원가정과의 관계 회복, 원가정 내에서 존재하는 어떠한 문제 상황의 극복 등이 필수적이며, 또한 원가정 복귀가 끝이 아닌 지속적인 모니터링과 사후 지원이 이루어져 아동이 다시 보호대상아동이 되지 않아야 한다.

우리는 다가오는 내일을, 새로운 만남을 준비하며 살아간다. 원가정 복귀는 단순한 이별이 아닌, 아이와 가족에게 새로운 시작이다. 새로운 만남을 준비하며 앞으로도 또 다른 새로운 시작이 이루어지기를, 더 많은 아이들이 행복한 내일이 오기를 소망한다.

바로 설 자리

김윤희

 보통 미디어에서 꿈을 꾸는 청소년들의 모습을 밝고, 활기차게 표현하곤 한다. 하지만 청소년의 바로 곁에서 미래를 위해 노력하는 모습을 보면 애잔하고, 안쓰럽기 그지없다. 그룹홈에 사는 청소년은 여느 평범한 고등학생들처럼 시험이 끝났다고 마냥 놀 수 없다. 고민과 걱정의 깊이가 천지차이라서, 내일 뭐하고 보낼지 보다는 내년에 어떻게 살 수 있을지를 걱정해야 하기 때문이다. 단순하게 꿈만 좇을 수 있는 환경이 아니다. 스스로 바로 설 자리를 마련해야 하기에 더 애달프게 보이는 것일지도 모르겠다.
 아이들에게 10년 뒤의 모습, 미래의 모습이 어떨 것 같은지 물어보면 각자의 꿈대로 가지각색 답한다. 그럼에도 공통된 답변은 멋지게 잘 살고 있는 모습이다. 돈을 많이 벌고, 내 스타일대로 꾸민 나의 집에, 차를 타고 드라이브 하는 여유까지. 조금 먼저 사회에 나와 있는 어른 입장에서 이런 이야기는 마냥 귀엽기도 하고, 현실을 알고 있어 씁쓸

하기도 하다. 여전히 찬란한 미래를 꿈꾸는 아이들은 때로 한마디씩 얹는다.

"선생님, 나중에 제가 돈 벌면 명품 지갑 사줄게요."
"나중에 돈 많이 벌면 샘 트레이닝복 색깔별로 30벌 사드릴게요."
"나중에 언니가 돈 벌면 마라탕 100번 사줄게."

아이들의 이야기를 들을 때면 주변을 챙기는 마음이 기특하다 싶으면서도 '아직 어리구나.', '나중에 돈 벌어보면 놀라겠지' 하는 생각이 들었다. 기초생활수급자이면서도 그룹홈에서 보호받고 있기에 아이들은 가난을 피부로 느끼지 못한다고 생각했다. 종종 돈 무서운 줄 모른다고 잔소리를 해대기도 했고. 그러다 문득 다른 생각이 치고 들어왔다. 어쩌면 아이들이 늘 입버릇처럼 말하는 성공은 사실 돈의 어려움을 알고 있어서가 아닐까? 가난의 벽을 두들기진 않았어도 그 굴레를 느끼고 있어서 그런 게 아닐까? 오늘의 어깨는 가벼워도 내일 짊어질 무게를 알기 때문에 그렇게 성공 타령을 하던 건 아니었나 싶다.

가족의 무게

올해 초, 이제 막 고등학교 3학년 수험생활을 시작한 아이는 방학 내내 스터디카페로 출석했다. 그 날도 오전 일찍 일어나 아침을 챙겨 먹고, 스터디카페에 가기 위한 버스를 기다리고 있었다. 친모에게 전화가 와 애교스럽게 받았던 아이는 통화가 길어질수록 웃음이 사라지고 목소리가 가라앉았다. 미안하다는 말로 전화를 끊고는 그대로 쇼파에 누워 눈을 감고 마음을 진정시키고 있었다. 체구도 작은 아이라 그런지 유독 쇼파에 누워있는 그 모습이 더 작고 쓸쓸해보였다. 쇼파 옆으로 비집고 들어가 괜찮냐고 물으며 토닥이니 고개를 끄덕이곤 또 한참 말없이 누워있었다. 마음을 가다듬고 아이가 꺼낸 이야기는 '엄마가 돈이 없대요.' 였다.

아이가 그룹홈에 오기 전, 쉼터에서 맺어진 후원의 고리가 지금까지 이어지고 있다. 보통 쉼터에서 맺은 결연은 시설을 전원하면서 끊기기 마련이지만 후원자님이 아이를 끝까지 지원해주고 싶다는 마음을 보여주셔서 쉼터를 통해 후원을 받고 있다. 결연 후원금으로 매달 20만원이 아이 용돈 통장으로 들어오는데, 그럼 아이는 그 중 10만원을 주택청약에 넣고 나머지 10만원을 용돈으로 쓰고 있다. 친모는 그 돈을 빌려달라고 했고, 아이가 통화 마지막에 했던 미안하다는 말은 엄마에게 빌려줄 돈이 없어서 미안하다는 것이었다.

친모는 종종 수중에 만 원 한 장이 없다며 돈을 빌리고, 신용불량이 되었으니 아이 명의 통장을 빌려달라고 한다. 그럴 때면 아이는 마치 큰 잘못을 한 사람 마냥 어깨가 안으로 말리고 고개를 푹 숙인다. 자기 잘못은 하나 없으면서 말이다. 매번 돈 이야기를 하는 가족들을 원망하다가도 밥은 잘 챙겨먹고 지내는지 걱정을 한다. 아이는 훗날 원가족을 먹여 살려야 한다는 부담감과 동시에 짐이 되어서는 안된다는 압박감, 그리고 보탬이 되지 못한다는 부채감을 느낀다. 엄마에게 짐이 되고 싶지 않아서 그룹홈 입소를 택했던 것처럼 가장의 무게를 그 작은 몸으로 지탱하고 있다.

그래서 더 아이에게 잔소리를 하나보다. 똘똘하고 영리한 아이라 아이 나름 저축과 용돈을 잘 구분하여 사용하고 있지만 나는 입버릇처럼 아껴 쓰라고 말한다. 어떻게든 조금이나마 아이 통장에 돈을 모아주기 위해 애쓰고, 독립적인 삶을 가르치려 노력한다. 어깨를 짓누르는 무거움 속에서도 자신의 삶을 찾을 수 있길 바라는 마음에.

스스로의 무게

우리 아이들은 지지 기반이 약하다 못해 제대로 된 지지체계가 없는 것이나 마찬가지라고 볼 수 있다. 보호자가 제 역할을 못해주거나 오히려 아이에게 보호자 노릇을 바라는 경우도 있고, 아예 보호자가 없는 아이도 있다.

2022년, 아모LED코스모스 가정에는 이제 막 20살이 되어 자립을 준비하는 청소년 2명이 있었다. 아이들은 자립을 원했고, 나 또한 아이들이 준비되었다면 굳이 시설에 오래 있을 필요가 없다고 생각하였기 때문에 함께 자립을 준비했다. 그런데 양육점검을 위해 가정에 방문했던 지자체 담당 주무관으로부터 자립 승인이 쉽지 않을 것 같다는 이야기를 들었다. 이유는 아이들의 지지체계가 부족하다는 것. 만약 사례결정위원회에서 승인이 거절될 경우, 퇴소 과정이 더욱 복잡해질 가능성이 있어 우리는 퇴소를 미루고 조금 더 꼼꼼하게 준비하기로 했다.

아이들이 자립기관의 서포터즈로서 다른 자립생, 자립기관 실무자들과 만나 관계를 쌓을 수 있는 기회를 만들기도 하고, 꾸준히 선배 자립생과의 시간을 주선하여 자립에 대한 정보를 얻는 시간도 가졌다. 원가족과의 관계를 개선하고 열심히 종교 활동까지 하며 그렇게 2022년

11월에 한 아이가 성공적으로 자립했다. 자립 후에는 경기도자립지원 전담기관과 연계하여 사례관리를 받으며 자립 후 삶을 차근차근 찾아가고 있다.

그렇지만 한 아이는 아직 그룹홈에 남아있다. 남아있다는 것이 자립에 실패했다는 뜻은 아니다. 우리가 아무리 사후관리를 열심히 한다고 하더라도 제대로 된 토대 없이는 한계가 있다. 아이는 여전히 홀로 섰을 때 옆에서 안정적으로 지탱해줄 존재가 약해 그룹홈에서 아이 스스로의 힘을 키우고 있다. 아마 아이의 자립 시기는 아르바이트가 아닌 취직으로서 월급을 받아오는 때가 아닐까 싶다. 자기 자리를 잘 마련하고 나면, 스스로 힘이 생기고 나면 주변에서 지탱하는 힘이 부족해도 무사히 바로 설 테니까.

바로 설 자리

대학교에서 처음 사회복지를 배울 때, 탈수급과 탈시설이 중요하다고 배웠었다. 그래서 아이들이 자립한 후에도 어엿한 사회인으로서 똑부러지게 살아가길 바랐다. 하나 둘 자립하는 아이들이 늘어갈 때마다 그게 얼마나 말만 그럴 듯한 것인지 깨달았다. 열심히 살면 나의 직업, 나의 집, 나의 가정이 차곡차곡 쌓여 인생을 이룰 수 있어야 하는데, 현실은 그렇지 않다. 지금 세상은 자신의 삶에 충실해도 앞이 깜깜하다. 제대로 된 자립체계 없이 아이들의 탈수급, 탈시설을 논하는 것은 빛이 없고 길이 보이지 않는 어둠 속에서 얼른 첫 발을 떼라고 다그치는 게 아닌가. 결국 아이들에게 멋지게 살도록 버거운 노력과 역량을 발휘하라고 내몰고 있진 않았나 싶다.

　보다 체계적인 자립 시스템이 갖추어지길, 그리고 아이들이 미래에 대한 꿈과 희망으로 그걸 이정표 삼아 세상을 살아갈 수 있길 바란다. 내가 아이들을 위해 해야 하고, 할 수 있는 역할은 무엇일까. 그 고민을 통해 나는 아이들의 자립 그리고 자립 후 삶에 대해 조금 더 관심을 기울이게 되었다. 매일같이 아이들에게 밑거름이 되어줄 인적·물리적·사회적 자본을 열심히 찾아다닌다.

　나는 내가 입사했던 2020년 이후로 자립했던 모든 자립생들과 연락을 하며 지내고 있다. 무슨 일은 없는지 안부를 묻고, 좋은 장학사업이나 자립준비청년 지원이 있으면 정보를 전한다. 아이들은 명절이면 그룹홈으로 놀러와 현생에 대한 고민도 나누고, 후원물품도 챙기고, 자립 선배로서 아이들에게 조언을 하기도 한다. 우리 그룹홈은 아이들이 사회에 나가서도 중심 잡힌 삶을 살 수 있도록, 바로 설 수 있도록 비빌 언덕이 되어주고 있다.

공동생활가정

방초희

 아동공동생활가정 즉, 그룹홈에 대해 알고 있는가? 그룹홈은 아동복지시설로 빈곤·방임·폭력 등의 학대나 가정해체, 부모사망 등으로 인하여 가정의 보호를 받을 수 없는 아이들에게 대안가정의 돌봄을 통해 아이들의 성장을 지원하는 곳이다.
 들꽃청소년세상에 입사할 당시 그룹홈이 어떠한 일을 하는지 정확히 알지 못한 상태였다. 어떤 아이들이 생활을 하고 나는 어떤 태도로 아이들을 대해야하는지 말이다. 지난 2년간 내가 아이들과 생활을 하면서 느꼈던 점들을 이야기해보려고 한다.
 우리 아이들이 생각보다 차별에 노출되어 있다. 어른들은 옛부터 사람은 차별을 하면 안되고 시설에서 생활하는 아이들과 일반 가정에서 생활하는 아이들은 별다른 차이가 없기 때문에 차별할 이유가 없다고 이야기한다. 어른들께 묻고 싶다 정말 차별은 없는가?
 가정의 이사를 준비할 때 많은 임대인들과 공인 중개사들을 만났다.

본인이 거주함에 있어서 아무런 문제를 삼지 않았던 분들이 시설이 입주한다고 하니 난색을 표하셨다. 시설 아동이 생활하면 이이들끼리 몰려다니면서 비행을 저지를 것 같고, 사고들이 발생하면 임대인 입장에서 해결하는데 골머리를 썩는다는 것이 이유였다. 이런 분들을 만났을 때 우리 아이들이 어떤 아이들인지, 어떤 특성을 가지고 있는지 설명했지만 그저 시설에 생활한다는 이유 하나로 비행청소년으로 치부하셨다.

어느 한 공인중개사는 아이들이 생활을 해야하니 꼼꼼히 가정의 내부를 살펴보고 있으니 '시설인데 뭐 그리 따지는게 많아요?', '시설인 거 알고도 받아주는데 많이 없으니까 그냥 들어가요.'라고 하셨다. 웃으시면서 말이다. 이 말을 들었을 때의 허탈함은 이로 말할 수 없었다. 모두가 그렇듯이 우리 아이들도 깨끗한 곳을 좋아하고, 안전한 곳에 살 권리가 있다. 이 분도 이를 모를리가 없었지만 은연 중에 나타난 '시설 아이들이니까 어느 정도 불편한건 감수해야지'라는 차별적인 인식과 발언이 나에게 허탈감과 당혹감으로 다가왔다.

외국 국적의 아동의 경우 더한 차별 속에서 생활한다. 23년 5월부터 가정에 외국 국적의 아동이 함께 생활하게 되었다. 국적만 외국 국적일 뿐이지 한국 사람과 다름 없이 생활하고 말하는 아이지만 지원 및 생활 측면에서 차별을 받는다. 기초생활 수급자로써 다른 아이들은 모두 받을 수 있는 장학 혜택 및 지원에도 외국 국적의 아동은 대상자로 해당 되지 않는다. 대표적으로 CDA 통장 개설이 안되고, 교유기 지원을 받는 절차 또한 서류만 제출하면되는 다른 아이들과는 다르게 까다

롭게 진행된다. 이마저도 아이에게 지원 해줄 수 있는 부분을 찾기 위해 시청이나 대사관 등 여러 곳에 문의를 하지만 담당자가 아니다, 흔한 케이스가 아니라 잘 모른다는 답변만 듣는다. 연락을 받는 분 마다 답변이 달라 여러차례의 확인이라도 하게되면 귀찮다는 듯이 답변한다. 나에게도 이렇게 대응해주시는데 당사자라면 어떤 데우를 받게 될까? 그렇닥면 우리 아이는 어디에 질문을 하고 답을 구해야 할까?

'우리 아이들은 그저 한 명의 아이일뿐이다.' 글을 작성하면서 가장 많이 들었던 생각이다.

과연 나는 아이들에게 차별 없는 사람이었는가 질문하면 그렇다고 말할 수는 없다. 그룹홈에서 하는 일들을 확인하고는 내가 적응할 수 있을까 걱정했으니 말이다. 하지만 아이들과 함께 한 시간들을 통해 우리 아이들 역시 관심 받고 사랑받기 좋아하는 한 명의 아이일뿐임을 깨닫게 되었다.

우린 그저 한 명의 아이와 생활한다. 개인의 특성이 있고, 개인의 경험이 모인 한 명의 아이 말이다. 아직 부족함이 많은 사람으로써 아이들이 차별 받지 않는 세상에서 살 수 있게 하기 위해서는 어떤 노력을 해야하는지 고민하는 중이다. 앞으로도 아이들들과 함께 생활하면서 배우게 되는 것이 많을 것이다. 이 배움에 보답해 나는 과연 아이들에게 무엇을 해 줄 수 있는 사람인가, 아이들이 차별에 익숙해지지 않고 차별 없는 세상에 살아가기 위해서는 어떤 노력을 해야하는지 고민한다.

더 나은 환경, 더 밝은 내일

박청향

　우리 집 가장 햇빛이 잘 드는 곳에는 유칼립투스 폴리안이라는 식물이 자리 잡고 있다. 작년 말에 이사를 하면서 식집사라는 작은 꿈을 가지고 있던 내가 올해 봄 양재 꽃시장에서 데려온 30cm 정도의 크지도 작지도 않은 식물이었다. 처음 키워보는 식물이었기 때문에 더 잘 키우고 싶은 욕심이 있었다. 내가 할 수 있는 일은 햇빛이 들어오는 창가에 두고, 흙에 손가락을 1cm 정도 넣어 물기를 확인한 후 물을 주고, 관심을 가지고, 정성스럽게 키우는 것이다. 그렇게 하다 보니, 지금은 건강한 잎들을 사방으로 펼쳐가며 키는 80cm가 넘게 자랐다. 식물들이 건강하게 자라기 위해 식집사로서 할 수 있는 일이 있듯이, 그룹홈으로 오는 청소년들이 행복하고 건강하게 자랄 수 있도록 내가 할 수 있는 일이 있다고 생각했고, 그것에 대해 고민하고 실천하려고 노력했다. 연말이 되어 2024년을 돌아보니 올해 야긴새벽이슬가정에서는 많은 노력과 시도를 했고, 결과와 상관없이 모든 경험들은 나를 성장하게 했다. 순간순간이 기억에 남지만 그중 두 가지 특별한 사례를 소개해 보려고 한다.

먼저 우리는 아이들이 건강하고 안전하게 가정에 머물기를 바랐다. 그러기 위해 먼저 해결해야 하는 문제가 있었는데, 바로 아이들이 사용하는 침대였다. 아이들이 사용하는 침대는 철제 2층 침대였고, 야긴새벽이슬가정이 마지막으로 이사할 때 구매한 침대라고 하는데 꽤 오래되어 낡아 있었다. 여러 청소년이 거쳐 가다 보니 철제 침대는 녹이 슬어 페인트가 벗겨진 상태였으며 2층으로 올라가는 사다리 하나는 부러진 상태였다. 매트리스를 받치는 곳의 고정대가 끊어져 위험했고, 작은 움직임에도 심하게 흔들리고는 했다. 2층에 누워있는 청소년이 기침을 하면 침대가 흔들려 1층에서 자고 있던 청소년이 깰 정도였다. 올해는 가구 지원 사업에 우선 신청하기로 하고, 선정되지 않더라도 생활비를 아껴서 구매해 주기로 계획했었다. 그러던 중 2024년 2월에 세이브더칠드런과 이케아에서 가구 지원을 해주는 사업이 있어 신청했고 감사하게도 선정되었다. 아이들에게 가장 좋은 침대를 선물해 주고 싶었기에 심사숙고해서 고르게 되었다. 아이들과 상의 후 1층은 공부할 수 있는 공간으로, 2층은 수면 공간으로 구성된 침대로 선택하게 되었다. 이제 아이들은 새 침대에서 편안하게 잠을 잘 수 있게 되었고, 공부 공간도 마련되어 집중할 수 있는 환경이 조성되었다. 각자 원하는 방식으로 공간을 활용하며, 서로의 방해가 되지 않도록 배려하는 모습도 보여 정말 뿌듯했다.

두 번째로 지은이의 아토피 문제는 내가 가장 마음에 담아둔 일 중

하나였다. 어릴 때부터 병원에서 처방받은 약으로 치료를 받았지만 나아지지 않아 부모님의 권유로 한약치료를 작년부터 시작했었다. 처음 한의원에서는 6개월 안에 완치될 거라고 했지만 그 기간이 지난 시점에도 차도가 보이지 않았다. 한의원에서는 1년은 치료를 해봐야 한다고 말을 바꿨고 그때 지은이와 나는 함께 화를 내고 한의원 욕을 한참 했던 적이 있다. 나도 어릴 적에 지은이와 같은 한약을 먹은 적이 있었는데 너무 괴로워서 한 달 만에 끊었기 때문에 더 마음이 이해되었던 것 같다. 하지만 지은이는 아토피를 완치시키고 싶은 의지가 있었기 때문에 거의 10개월 동안 꾸준히 한약을 챙겨 먹었고 결국 효과를 보지 못하고 치료를 마무리했다. 그 후, 지은이의 어머니와 상의 후 대학병원에서 치료를 받아 보고자 했지만 지은이의 부모님도, 그룹홈에서도 엄청난 의료비를 감당하기 어려웠다. 그래서 찾게 된 사업이 KT&G 복지재단에서 지원해 주는 의료비 사업이었다. 사업을 신청하고 선정되었을 때 아이들과 도보캠프 중이었는데 선생님들과 함께 소식을 나누며 기뻐했던 기억이 난다. 의료비 지원을 받자마자 대학병원에 예약을 해서 어마어마하게 비싼 아토피 주사를 맞을 수 있게 되었고 지은이에게 적절한 치료를 찾아가고 있다. 처음 주사를 맞고 나서 조금씩 피부 상태가 개선되는 모습을 보며 어쩌면 완치가 될 수도 있을 것 같다는 희망을 가지게 되었다. 지은이가 이 과정을 통해 편안해질 수 있기를 바라고 앞으로의 변화가 기대된다.

　올해는 아이들의 안전과 건강에 조금 더 집중해 내가 할 수 있는 일을 찾아가며 의미 있는 시간을 보냈다. 식물은 종 이름만 검색해도 어떻게 키우는지 나와 있지만 아이들은 답이 없는 백지 같다. 매일매일 새로운 모습으로 다가오는 아이들을 보며 어떻게 하면 이 아이들이 더 건강하고 행복하게 자랄 수 있을지 고민하지 않을 수 없다. 내년에도 아이들이 더 행복하고 안정적인 환경에서 자신의 뿌리를 단단히 내려가며 건강하게 성장할 수 있도록, 사회복지사로서 내가 할 수 있는 역할에 대해 고민하고 끊임없이 노력할 것이다.

해를 거듭할수록 이어진 연

이현아

학창시절 유난히 사람을 좋아했다. 함께 어울려 놀고 맛있는 음식을 먹고, 같은 추억을 공유하는 것 자체가 즐거웠다. 사람을 좋아하던 청소년은 사람을 위해 일해야겠다고 생각했고, 진로를 정했다. 대학과 학과를 정하고 공부하다보니 '사람'에서 '청소년'을 위해 일하고 싶다는 생각을 했다. 17살의 청소년은 '청소년'을 위해 움직이는 '어른'이 되기를 꿈꿨다.

청소년에게 배움

나는 어릴 때부터 약자에게 강압적이고, 무시하는 듯 하는 말투를 가진 사람들이 싫었다. 내 이야기는 듣지 않고 본인 의견만 정답이라고 말하는 어른도 싫었다. 때문에 '내가 어른이 된다면 청소년들의 이야기를 들어주는 어른, 강압적이지 않은 어른이 되겠다'고 다짐했다.

교육복지센터에 입사한 지 얼마 되지 않아 청소년 누룽지사탕을 만났다. 가정 안에서 그 누구에게도 마음을 털어놓지 못하던 아이였다. 양육자에게 의지하거나 지지받지 못하고 여러 가지 부담을 홀로 떠안고 있었다. 누룽지사탕을 만나고 그에게 가장 많이 해주었던 말은 '괜찮아, 네 선택을 존중해', '괜찮아, 할 수 있어'였다. 그리고 정말 그 이의 선택을 존중했고, 지지해주었다.

나는 내가 만나는 친구들이 성공과 실패를 모두 경험하기를 바란다. 성공의 기쁨뿐만 아니라, 때때로 실패를 마주하는 것도 중요하다고 생각한다. 그렇게 당사자의 선택을 존중하고 지지하다 보니, 누룽지사탕이 기뻐하는 날뿐만 아니라 마음 아픈 일을 겪는 날에도 함께할 수 있었다. 그 아이는 그런 경험을 통해 발에 힘을 주고 땅을 딛고 나아갔다. 그 모습을 보며, 나는 누룽지사탕을 통해 어릴 적 다짐에 한 걸음 더 가까워진 느낌이었다.

청소년의 이야기를 듣고, 그들의 선택을 존중하며 온전히 지지하는 것. 그리고 그 존중이 아이의 성장으로 이어진다는 사실. 이 모든 것은 센터 근무 1년 차에 내가 얻은 소중한 배움이었다.

마주 잡은 손

2년 차가 되니 학교 선생님들의 안부를 묻고, 약간의 농담도 섞어가며 이야기할 수 있게 되었다. 센터와 학교 선생님들 간의 관계는 긍정적이었고, 교육복지 담당자 선생님들은 센터를 신뢰하고 의지했다. 그러나 한 가지 문제가 생겼다. 학교가 안전망 역할을 제대로 하고 있는지에 대한 의문이 제기되었다. 대부분의 학교는 센터에 학생을 의뢰한 후, 지원 과정에 대한 관심은 다소 부족한 듯했다. 센터가 알아서 잘해 줄 것이라고 생각하는 경향이 있었다.

그러던 중 5월의 어느 날, 한 학교에서 알사탕학생을 의뢰하였다. 알사탕학생은 2년 전 의뢰되어 사례 관리를 받았던 아동으로, 당시 양육자의 거부로 지원이 중단된 바 있었다. 이번에는 가정방문과 면담을 통해 학생과 매주 만나기로 약속했다. 알사탕학생에게는 자신의 이야기를 들어줄 한 사람이 가장 필요했다. 그렇게 약 10회기 동안 알사탕학생을 만나면서 담임교사와도 이야기를 나누었다. 만나기 이전과 이후의 모습에서 많은 변화가 있었다. 담임선생님은 알사탕학생이 자신감 있게 발표하거나 연극 연습을 할 때의 씩씩한 모습이 생겼다고 전했다. 친구들에게 더 다가가려는 모습도 관찰되었다. 짧은 10회기 동안 알사탕학생은 긍정적인 변화를 보였다.

알사탕학생이 긍정적으로 변화하기 시작하자, 학교와 센터는 상담 연계를 위해 움직였다. 2년 전 실시했던 종합심리검사에서 알사탕학생이 경계선 이하의 지능을 가지고 있다는 결과가 나왔다. 당시 미술치료나 상담을 통해 다양한 자극을 주고자 했으나, 양육자의 거부로 진행되지 못했다. 안타깝게도 5월 재의뢰에서 새롭게 실시한 종합심리검사 결과, 알사탕학생의 지적 능력이 장애 수준으로 하향되었다는 사실을 알게 되었다. 2년 전 미술 치료 및 상담을 통해 자극을 주었다면 좋았을 것이라는 아쉬움이 들었다. 그래서 알사탕학생의 긍정적인 변화가 있는 이 시점에서 상담을 연계하기 위해 양육자와 다시 이야기했지만, 양육자는 여전히 검사 결과를 신뢰하지 않았고 상담에도 동의하지 않았다. 학교가 적극적으로 나서 가정을 설득하려 했지만, 양육자의 거부로 상담은 진행되지 못하였다.

이런 상황을 가만히 지켜보고 있을 수는 없었다. 외부 기관의 개입을 거부하는 양육자 때문에 학교는 더욱 적극적으로 나서야 했다. 학교는 알사탕학생과의 소통을 강화할 수 있는 구조를 마련하고, 교감, 교육복지담당교사, 상담교사, 담임교사가 한 팀을 이루어 알사탕학생과 그의 가정을 세심하게 살폈다. 상담교사와 담임교사는 아동의 학교생활을 면밀히 모니터링하며 가정과 소통했고, 교육복지 담당자는 교내 자원을 파악하여 적극적인 지원을 할 수 있도록 했다.

현재 6학년이 된 알사탕학생은 지난해 교육복지 담당자가 담임교사가 되어 여전히 세심하게 모니터링 하고 있다. 마음의 안식처가 없던 아이에게 센터가 손을 내밀었고, 학교도 그와 함께 손을 마주 잡았다. 이 과정을 통해 센터는 아동과 청소년의 성장을 위해 학교의 안전망이 제대로 작동할 수 있도록 구조를 정비하고, 센터와 학교 간의 촘촘한 관계를 형성할 수 있었다.

지금부터 시작

익숙한 학교 선생님들이 많아지고, 지역 기관 실무자들과도 점차 친숙해진 3년 차에 서울시교육청은 '학생 맞춤 통합 지원 체계'를 추진하겠다고 발표했다. 이는 학교, 지역 기관, 센터 등 네트워크를 기반으로 학생 개개인에 맞춘 통합 지원 시스템을 구축하겠다는 목표였다. 이제 지역 기관뿐 아니라 학교 내부에서도 학생을 면밀히 살필 수 있도록 교육복지가 변화하고 있다. 학교에서 학생을 돌보는 것은 긍정적인 변화이지만, 문제는 사회복지 차원에서 도움이 필요할 때 외부 자원을 찾고 연계하는 데 어려움이 있다는 점이다.

학교는 주로 센터에 학생들을 의뢰하여 외부 자원과의 연계를 지원하지만, 센터 내에서도 교육복지 아동·청소년을 연계하거나 소개할 만한 지역 기관이 많지 않아 어려움을 겪는 경우가 많았다. 이를 해소하기 위해 구청 아동청소년분과와 협력하게 되었다. 아동·청소년을 지원하는 기관들이 모여 한 기관의 공간을 활용해 쉴 공간과 놀 거리를 제공하기로 했다. 아동·청소년분과와 함께 시범 사업으로 운영한 축제는 더욱 구체적인 그림을 그리며, 아동·청소년을 모두가 함께 돌볼 수 있는 환경을 마련해보고자 한다.

또한 교육복지 아동·청소년들은 종종 상담 치료가 필요한 경우가 많다. 다양한 심리적·정서적 어려움으로 인해 상담 치료를 연계하곤 하지만, 관내 청소년 전문 심리센터는 대기 기간이 너무 길거나 예산이 교육복지 단가와 맞지 않아 진행하기 어려운 경우가 대부분이다. 이 때문에 센터에서는 심리 상담 부분에 대해 교육복지 아동·청소년들의 상황을 이해해주고 협력할 수 있는 상담 기관을 찾았다. 다행히 센터와 교육복지 아동·청소년들의 상황을 잘 이해하는 상담 기관을 만나게 되어 업무 협약을 체결하게 되었다.

이 외에도 상담 기관이 서초구에 위치해 있어 출장 상담으로 장소를 모색해야 하는 상황에서, 센터의 사정을 이해하고 기꺼이 기관의 공간을 제공해 주신 곳도 있었다. 마땅히 연계하고 소개해줄 외부 자원이 없어 고민하고 있던 중에, 두 기관이 선물처럼 나타나 주었다. 아동·청소년의 건강한 성장을 위해 지역 기관들과의 안전망이 이제 막 촘촘하게 형성되고 있는 느낌이다.

나는 지난 3년 동안 센터에서 많은 것들이 확장되고 성장하는 과정을 경험했다. 아동·청소년의 건강한 자립 환경을 위해 그들의 삶을 응원하고 존중하는 것, 학교 내 시스템을 구조화하고 학교와 아동·청소년 간의 간극을 좁히는 것, 그리고 아동·청소년의 삶을 함께 지지하는 지역기관들과의 네트워크를 형성하고 협력하는 것이 필요하다. '청소년'을 위한 삶을 살고 싶었던 나는 3년이라는 시간이 지난 후, 진로를 설정했던 그 목표에 한 걸음을 내딛었다.

이곳에서 활동하면서 단순히 '청소년'을 위한 어른이 아니라, '청소년의 성장'을 위해 힘쓰는 사람이 되어야겠다고 다짐했다. 이제야 비로소 제대로 된 교육복지를 실현하고 있는 듯하다. 글을 정리하며 지금부터가 진정한 시작이라는 생각이 든다. 해가 거듭할수록 관계의 연결은 더욱 확장되고 깊어지고 있는 걸 보며 더욱 청소년을 통해 배우고, 함께 마음을 맞춰 나아가는 이들과 손을 마주 잡고 싶다는 생각을 하게 된다. 그리고 청소년의 성장을 위해 밀도 있게 네트워크를 형성하고 협력하기를 바란다. 지금까지 조금씩 확장되어 온 나의 날들과 관계를 돌아보며, 앞으로 더욱 넓어질 관계와 다음 단계를 기대해본다.

공식적 지원대상, 비공식적 이웃 시민

박재석

아동복지시설 퇴소자, 자립생, 자립준비청년 그리고 모 재단의 캠페인 타이틀에 포함된 표현 열여덟 어른. 모두 그들을 지칭하는 말이다.

물론 2024년 기준으로 만 18세가 되면 시설을 떠나 홀로 살아가야 하는 규정은 완화되었다. 아동공동생활가정을 포함한 모든 양육시설에서 생활하는 그들은 어떠한 조건에도 상관없이 본인의 선택에 따라 24세까지 생활이 가능하다.

열여덟 그리고 스물넷. 법이 정하고 있는 성인의 연령 또는 청소년의 연령이다. 여전히 법과 제도는 공식적 지원의 범위를 연령으로 구분하고 있다. 이 글의 작성자가 미처 파악하지 못한 보다 세밀하고 자세한 기준이 있겠지만 정책입안자들과 그 집행을 하는 인력들은 지원의 효과성을 고려하기보다 효율성을 따진다는 생각을 지울 수 없다.

연령에 조금 더 초점을 맞추어 생각해 보자. 그리고 현시대를 같이 생각해 보자. 대한민국이라는 나라의 드높은 학구열이 만들어 낸 전 국민의 고학력화라는 현실에도 취업의 문턱은 언제나 드높기만 하다. 식상한 표현이지만 그 높다는 취업 문턱을 넘어도 사는 건 힘들기만 하다. 고강도의 노동에 지친 몸을 편히 뉘일 공간을 마련하는 건 평생을 한 푼 쓰지 않고 모아도 불가능에 가깝다. 연일 뉴스에 보도되는 고물가 시대. 매일 건강한 식사를 하는 것은 너무나도 어려운 일이다.

24살의 성인. 그들의 능력에 의문을 가지는 것은 아니지만 험난한 세상에서 홀로 살아가야 한다는 것은 그 누구라도 너무나도 어려운 일이다. 오롯이 스스로의 능력만을 가지고 살아가야 한다는 것은 이제 나이가 되었으니 알아서 하라는 방관의 자세에 가깝다.

그렇기 때문에 홀로 세상을 살아가야 하는 그들에게는 자립을 위한 역량을 키우는 것이 무엇보다 중요하다. 하지만 공식적인 지원은 금전적 지원, 경제적 지원에 집중된 것이 현실이다. 물론 세상을 살아감에 있어 돈의 힘, 경제력이 가지는 비중은 무시할 수 없다. 서울을 기준으로 2,000만 원에 해당하는 자립정착금. 매월 50만 원씩 몇 년간 지급되는 자립수당. 살아갈 첫 공간 마련에 큰 힘이 되는 LH 전세 임대. 누군가는 그렇게 많은 지원을 받는데 무엇이 문제이냐 반문할 수도 있다. 하지만 정작 중요한 것은 그들이 스스로 살아가야 한다는 것이다. 아무리 그런 돈이 주어져도 결국 그 돈을 쓰고, 관리하는 건 그들의 몫이기 때문이다.

작년부터 장미가정에서 자립을 준비하고 있는 청소년 2~3인이 자립준비청소년 지원사업 통칭 '민서네'라는 사업에 참여하고 있다. 민주노총 서울본부, 재단법인 사무금융우분투재단, 사단법인 희망씨, 한국

아동청소년그룹홈협의회가 함께 협력하여 운영하는 사업이다. 자립을 준비하는 청년을 위한 사회적 지지체계 마련, 자립준비 청년 지원사업을 서울지역 노동조합과 연계하여 확산, 자립준비 청년의 목소리가 반영된 정책 제안. 청소년들이 참여하고 있는 사업의 목표와 방향이다.

연간 총 8회기 동안 자립준비 청소년을 위한 다양한 활동으로 구성되어 있으며 구체적 내용으로 OT캠프, 선배와의 대화(금융교육1), 태일이와 함께(노동교육1), 멘토링(사람책 형식의 선배와의 만남), 자립캠프, 금융교육2, 노동인권교육2, 수료식의 세부 프로그램이 진행되었다. 참여하는 청소년들에게는 매월 10만 원이라는 용돈과 활동 장소에 원활히 이동할 수 있는 교통비가 지급되었다.

어쩌면 참여하는 그들에게는 구체적인 내용도 내용이었겠지만 매월 지급되는 용돈이 더 큰 메리트로 작용했을 수 있다. 가정에서 지급하는 용돈에 준하는 용돈이 지급됐으니, 자립역량을 키우는 활동도 하고 경제적 이득도 생기는 1석 2조의 활동이었으리라.

물론 참여했던 청소년들의 소감을 들어보면 단순한 용돈 마련의 시간만은 아니었다는 게 확인되었다. 가정에서 꾸준히 진행하는 자립교육과 그 내용 면에서 엄청나게 다르지는 않았으나 다양한 전문가들을 통해 받은 교육들이 평소와는 달리 들렸다거나 집이 아닌 공간에서 직접 보고, 듣는 것이 도움이 되었다는 것이 그들의 평가이다. 이를 기반으로 올해 3명의 청소년 중 2명의 청소년이 사업에 재참여 의사를 보였고 올해도 활동에 참여하고 있다.

이에 더해 올해 새롭게 참여한 활동으로 아동권리보장원이 진행 중인 바람개비서포터즈를 통한 자립 교육이 최근 진행되었다. 바람개비서포터즈는 그들과 같이 시설에서 생활했던 청년들이 앞으로 자립을 예정한 청소년을 대상으로 교육을 진행하고 멘토 역할이 되어주는 사업이다. 그들보다 먼저 세상을 맞닥뜨린 선배를 통한 교육. 아무래도 집중할 수밖에 없었다. 덧붙여 교육 이후 선배 1명과 가정의 청소년 1명이 매칭되어 대학 입학 전 과외를 시작하였다. 대학 입학 전 대학 교육 과정을 이해하고 공부하는 힘을 키우는 게 목적이다.

민서네 그리고 바람개비서포터즈. 단순히 생각하면 자립 교육이고 멘토링 일 수 있다. 하지만 조금만 깊이 생각해 보면 사람과 사람의 연결이 있다. 민서네 사업의 총괄 운영기관이 민주노총이라는 점에 영향이 없을 순 없겠지만 그들을 단순히 지원 대상으로 바라보지 않는다. 지금과 같이 세상에서 함께 살아가야 하는 이웃 시민, 노동을 통해 삶을 이어가는 예비 노동자이자 동료로의 관점이 포함되어 있다고 생각된다. 바람개비서포터즈[7] 역시 마찬가지이다. 자립을 먼저 경험한 선배. 그 누구보다 그들의 마음을 이해하고 삶의 실제적인 어려움을 잘 알고 도움을 주고자 하는 좋은 이웃. 앞서 말한 공식적인 지원이 담아내지 못하는 부분이다.

결국 우리는 이 두 가지 측면을 다 함께 고민해야 한다.

공식적인 지원 대상으로 국가가 마련한 지원에서 누락되지 않게. 자립이 아니라 고립이 되지 않게, 좋은 이웃들과 이웃 시민으로서 함께

---

[7] 아동권리보장원과 각 시도별 자립지원전담기관을 통해 서비스가 제공되니 실제로는 공식적인 지원이다. 하지만 담당자를 통해 전해 들은바 참여율이 매우 저조하다고 한다. 좋은 취지의 사업임에도 참여율이 낮은 점은 너무나 안타깝다.

살아가야 하는 점을.

 들꽃의 비전과 전략목표에도 부합하는 고민점이다. 각 개인으로서 세상을 살아가는 역량을 키우는 점. 공식적 지원의 대상이지만 지원의 대상, 수혜자로서의 관점이 아닌 당연한 국가의 책임을 기반으로 권리주체로 자신을 바라보는 관점을 가지는 점. 사회구성원으로, 지역사회에서 살아가는 한 명의 시민으로 도움과 영향을 주고받는 이웃으로 살아가는 점. 이 모든 것이 고려되어야 할 것이다.

 향후 5년도 들꽃의 비전과 가치 전략목표에 따라 청소년들의 성장을 지원할 예정이다. 그들에겐 집이면서 집이 아닌, 시설이면서 시설이 아닌 두 가지 특성이 모두 고려될 것이다. 그들이 공식적 지원 대상이면서 비공식적 이웃 시민인 것처럼.

05

지구시민으로의 국제교류 활성화
청소년 지구시민

천천히 해야겠지만 꼭 해야 하는 일

조용준

　사회혁신개발자, Youth S.D Maker 청년들은 계속해서 사회를 변화시키기 위한 활동과 연대를 이어가고 있다. 올해로 시즌 3를 맞은 삶을 위한 아카데미의 첫 순서에는 한국어교육을 주제로 Korean Click 국제교육원의 대표 강성헌 멘토님, 전주 KBS 아나운서 출신이자 달그락 미디어 위원이신 유선주 멘토님의 강의가 있었다. 유선주 멘토님과 함께 '한국어를 한국인처럼' 이야기하기도 했다.
　황진 멘토님과의 삶을위한아카데미에서는 한국과 미얀마의 민주주의에 대해 함께 알아보았다. 진정한 민주주의란 무엇인지, 삶에서 민주주의를 이루기 위해서는 어떻게 해야 하는지 등을 함께 생각할 수 있는 기회였다. 특히 에반스 청년은 "미얀마에 민주주의가 이루어지는 과정은 천천히 해야겠지만 꼭 노력해야 하는 일"이라는 이야기를 전했다.
　두 분의 청소년위원 삐약삐약출판사 대표 전정미 멘토님, 화가 이미영 멘토님의 아카데미 또한 이어졌다. 전정미 멘토님과의 아카데미에서는 만화가로서의 캐릭터 구성과 스토리텔링에 대해 배우고 생성형 AI 도구에 대해 함께 알아보았다. 각자 자신의 캐릭터를 만들고 이를 간단한 그림으로 그려보기도 했다. 별명이 토끼라서 토끼들이 운영하는 레스토랑을 그려보는 라온과 지구를 지키는 파워레인져가 되고 싶다는 헤이재까지, 서로의 특징을 이야기하고 캐릭터를 구성해보며 짧은 만화를 그려냈다.

'나로부터'라는 제목으로 진행된 이미영 멘토님 강의에서는 자신의 내면과 주변에서부터 살피고, 또 변형시켜 그려내는 방법에 대해 나눴다. 독특한 화풍의 그림을 보고 함께 이야기를 나누는가 하면, 종이를 안 보고 자신의 얼굴 그려보기 등 활동으로 함께 연대했다.

청소년, 청년들의 눈으로 본 사회문제 발표 역시 진행되었다. 3팀의 발표를 맡은 라온 청년은 자기 주도적으로 참여하지 못하고 종속되어 따르기만 하는 교육을 문제라고 전했다. 교보재와 PC 등 교육자원이 부족한 문제에 대해 양질의 교육환경과 커리큘럼이 필요하다고 이야기했다. Chat GPT와 같은 AI 도구가 활용되어야 하지만, 온라인을 통해 어린아이들을 범죄의 표적으로 삼는 상황 역시 지적하며 디지털 리터러시의 필요성 역시 제기했다.

2팀의 청소년, 청년들은 노인 인구 및 1인 가구의 증가와 함께 생기는 독거 어르신들의 생활고와 외로움 문제를 이야기했다. 조용현 청년은 특히 자원봉사 자치기구의 어르신 가족되기 활동을 소개하며, 미얀마 청년들과 보다 확장된 활동을 진행하겠다는 포부를 전했다. 라일락 청년은 병원에 입원했거나 노상에서 장사를 하는 현지 어르신들의 상황에 대해 알렸다. 미얀마의 기후와 전기 문제로 더욱 어려움을 겪지만, 자신의 상황을 돌아보는 데에 급급해 사회에서 관심을 가지기 어려워한다는 것이었다. 주변의 이웃을 돌아보고 함께 살아가는 활동을 기대해 볼 수 있는 문제 제기였다.

 가운 청년은 1팀의 발표를 진행하며, 현지의 '앵무새 교육'을 중요한 사회문제로 뽑았다. 일회성 기억으로밖에 남지 않는 교육으로 창의력과 사고력이 떨어질 수밖에 없다는 것이다. 교육결과의 불평등 또한 문제로 제기되었는데, 소득이 적어 생계유지가 곤란한 교사가 과외를 열어 수강생들만 좋은 시험점수를 받을 수 있게 한다는 것이었다. 수학문제를 새로운 방식으로 풀어내는 학생에게 틀렸다고 이야기하는 현실을 말했고, 예체능교육이 부족한 문제를 해결하기 위해 보육원과 고향의 아이들을 찾아가 리코더 연주를 알려줄 예정이라고 알렸다.

 당사자 스스로가 진정으로 지구사회를 바꾸어나갈 힘을 갖추고, 이를 행사하기 위한 일련의 과정들이다. 청소년, 청년들이 꿈꾸는 사회를 이루기 위해 앞으로도 이러한 연대는 계속된다.

사회참여 수준 향상
아이들이 만드는 아이들의 우주

아이들이 만드는 아이들의 우주

임진영

　아이들과 함께 여러 프로그램을 하다보면 반드시 필요해서 해야 하는 사업이 있고, 왜 해야 할까 모르겠는데 여러 행정적 요구와 처리를 위해 해야 하는 사업이나 교육, 혹은 프로그램이 있다. 억지로 마지못해 했는데 의외로 결과가 좋기도 하고 기대가 컸는데 이상한 방향으로 흘러 어딘지 모르는 곳에서 헤매기도 한다. 그런 날들이 쌓여 아이들은 성장하고, 또 그 경험들을 양분 삼아 교사의 근력이 튼튼해진다. 생각해 보니 아이들과 했던 모든 일 중에 좋지 않았던 게 없다. 그게 무엇이든 반성과 자랑과 다시 도전해 볼 의지와 연대감을 주기 때문이다.
　아이들과 꼭 그림책을 만들고 싶었다.
　여러 해 동안 만나는 사람마다 붙들고 이야기 했다. 꼭 아이들이 쓰고 그린 그림책을 만들어 보고 싶다고...
　가정에서 아이들 전원과 함께 그림 수업을 받고 소박한 작은 전시를 해 보기도 했고, 혼자 그림그리기 좋아하는 친구는 손 그림과 디지털 그림을 함께 그려가며 자신의 캐릭터를 만들어 스토리텔링, 원화그림, 설치 등을 함께 전시하기도 했다. 하나금융나눔재단 으로 부터 아이들의 취미. 여가. 문화 활동을 지원받으며 할 수 있었던 사업이었다. 3년여에 걸쳐 집단으로, 혹은 개인으로 아이들이 자기 자신을 이해하고, 이야기 하고, 또 표현하는 작업을 하며 아이들은 문화. 예술이 소수를 위한 고급 진 취미가 아니라 삶을 풍부하고 다층적으로 이해할 수 있는 수단으로 사용할 수 있게 되었다. 특히나 경계선 지능을 가진 친구들에게 과제나 정해진 역할 없이, 한계 없이 자신을 표현할 수 있는 수단으로 문화. 예술은 최고의 선택이 되었다. 3년여를 우리 아이들과 연속적으로 만나다 보니 예술 강사도 우리 아이들의 특질과, 한계, 필요 등등에 대한 이해가 깊어졌다.

올 해 드디어 아이들의 그림책을 만들기로 하고 아이들의 욕구 조사로부터 이 일을 시작했다. 단박에 3명의 아이들이 동물권과 관련된 이야기를 쏟아 놓기 시작하였다. 지구상에서 사라져 가는 멸종위기의 동물이야기, 인간들의 노리개가 되어 동물원 우리나 동물 카페에 산 채로 전시되어 생명 아닌 생명으로 죽어 가는 동물들 이야기, 인간의 친구였다가 마치 폐기물처럼 버려져 길거리를 배회하는 고양이나 강아지 이야기 등등 아이들의 관심과 분노, 흥분도 같이 쌓여 갔다. 처음엔 그림책의 스토리를 잡고 바로 그림 작업을 시작할 수 있으리라 생각했으나 외려 아이들이 찾아 오는 자료와, 자료를 공유하며 나누는 생각들이 더 의미 있고 아이들을 다른 차원의 상상의 세계로 안내했다. 늘 아이들은 교사들이 예상 치 못한 곳에서 결정의 한 수를 두며 교사를 가르친다.

　재미있을 때도 있었고, 진도가 잘 안 나가 답답했을 때도 있었고, 학교 시험 일정과 그림 수업이 겹쳐 불안하기도 했고, 그 와중에 여름 도보여행도 다녀왔다. 아이들은 자기들 이야기가 책으로 나온 다는 게 어떤 건지 상상할 수 없어 나중엔 심드렁해졌다. 아이들이 직접 정하고 그리고 숨결을 불어 넣은 캐릭터들이 온 세상을 뛰어 다니는 상상으로 오히려 교사들이 더 기뻤다. 가제본으로 받아본 책은 종이도 표지도, 컬러도 뭔가 부족했다. 사업비가 바닥나게 생겼는데 그 와중에 표지를 하드커버 장정으로 바꾸고, 판형도 키우고, 종이도 더 고급지를 썼다. 어떤 것도 아끼고 싶지 않았다. 그게 무엇이든 아이들에게 가장 좋은 것을 주고 싶었다.

　아이들이 예쁘게 그린 그림과 이야기는 책으로, 마스킹테이프로, 단체복으로 변주되어 우리에게 도착했다. 아이들의 책은 국립 중앙도서관으로 갔고, 후원자의 집으로 가기도 했으며 함께 살지 못하는 엄마의 품으로 가기도 했다. 무엇보다도 아이들에 대한 목표를 세우고 아이들의 욕구에 집중하면 스스로 인정할 만한 결과로 돌아온다는 교사의 믿음으로 왔다. 아이들의 성장이 우리 모두의 성과가 되었다.

　아이들이 자라나기를 멈추지 않듯, 아이들의 이야기도 멈추지 않고 아이들에 대해 우리 교사들이 계획하고, 목표하고, 개입하며 함께 살아가기를 멈추지 않을 것이다. 아이들이 행복한 세상을 만드는데 힘을 보태고 동행하는 교사가 될 것이다. 아이들의 동물들이 갇힌 우리를 뛰어 넘는 그 순간을 매일매일 살아낼 것이다. 아이들과 함께, 그리고 동료들과 함께!!

포용의 힘

전광호

　최근 매우 절묘한 제목의 유튜브 영상을 보았다. "로켓배송의 방패가 되다"라는 제목의 영상은 관심이 있다면 짐작할 수 있듯 쿠팡 물류센터에서 노동자의 연이은 사망사건과 쿠팡이 연관 된 정치계 인물들의 관계성을 조명한 영상이었다.
　어머니께서 과거 쿠팡에서 일하시며 고됨을 호소하시며 얘기해주시는 것을 듣고 근로환경에 대해 얼핏 알고 있어 관심 있게 보았다. 영상을 보며 앞서 얘기한 "로켓배송의 방패가 되다"라는 제목이 절묘하다고 생각됐던 건 두 가지 측면에서였다. 첫 번째는 "로켓배송"이라 부르는 편리함을 위해 일하다 사망한 노동자의 방패가 되는 건 무엇이었나, 두 번째는 사망한 노동자가 방패가 되어 지켜야 했던 건 무엇이었나 하는 생각이 스쳤기 때문이었다.
　분명히 쿠팡 측에선 노동자의 안전을 지키기 위한 수칙(방패)이 있었지만, 정해진 어떤 수량을 맞추기 위해 무시한 채 기계처럼 굴렸고, 노동자는 가족을 지키기 위한 월급(방패)을 위해 일했지만, 결국엔 쿠팡과 로켓배송 시스템을 지키는, 그리고 쿠팡에서 한자리를 꿰차고 있는 정치계 인사들을 지키는 방패 따위로 전락 당하여 착취당하고 이용된 현실이 안타까웠다.

앞서 이러한 얘기를 한 것은 결국 이 이야기가 우리 들꽃의 자립을 앞둔 청년들의 이야기가 되어가고 있으며 앞으로도 현재진행형으로 흘러갈 것이기 때문이다. 잘 모르고 어리숙하다는 이유로 청년들이 누려야 할 권리를 무시하고 오로지 착취와 이용하려는 행태의 기성세대는 너무나 많다.

최근 내가 일하고 있는 그룹홈에서 아이가 고깃집에서 한 달간 열심히 일하고 월급을 기다렸으나 급여일에 맞춰 지급하지 않고 2주 넘게 미루는 일이 있었다. 아이는 한참 동안 기다리다가 사장님께 연락했고 나는 그 통화 내용을 옆에서 들을 수가 있었는데 아이에게 한다는 얘기는 "학생이 무슨 돈이 그렇게 급하다고"라는 얘기였다. 너무나 치졸하고 비겁한 사장님의 변명에도 아이는 철저히 을의 처지에서 그저 애원하는 듯이 얘기하였고 결국 월급은 받아냈지만 매우 불쾌하고 불편한 감정이 되었다.

그런데 여기서 안타까웠던 부분은 그러한 일이 있었음에도 아이는 바로 이어진 사장님의 아르바이트 요청에 다시 승낙했다는 점이다. 한 번 월급을 밀린 곳에서는 또 밀릴 수 있으니 다른 곳에서 일하는 게 좋겠으며 사장님의 사람을 대하는 태도가 좋지 않았음을 얘기 나눈 뒤 아이는 일하지 않겠다고 하였으나 월급을 받아 자기 마음대로 써본, 자신의 욕망을 충실히 채웠던 강렬한 경험과 그것을 가능케 하는 돈 앞에서 자신의 불쾌하고 불편했던 감정과 부조리함은 아이 나름의 합리화를 거쳐 그저 참고 적응해야만 하는 것이 되어버렸다.

앞선 예시처럼 아무리 젊어서 고생은 사서도 한다지만 "아프니까 청춘이다"라는 인식을 내밀며 청년들의 젊음을 대가로 온갖 불합리함과 부조리함으로 사지에 내몬다. 그리고 이러한 행태는 근로에만 국한된 것이 아닌 주거, 취업 등 다양한 부분들에서 이뤄지고 있으며 각종 불합리함과 부조리함을 통해 만들어진 것들은 소수의 가진 자들의 탐욕을 채우기 위해 쓰인다. 그리고 이 탐욕을 쉽게 채우고 유지하기 위한 여러 장치들을 만들어 낸다. 청년을 향한 부정적 프레임, (그들에게만) 유리한 제도, 법, 정치 등이 있고 이것들은 복합적으로 연결, 하나의 사회 시스템이 되어 청년들을 구속한다.

그리고 탐욕 채우기에 착취당하고 이용된 청년들은 빈곤에 버티며 점차 삶의 끝자락에 내몰리다가 사회 속에 숨거나 사라져간다. 또는 살아남기 위해 개인주의적 삶을 살아간다. 그러나 이걸 비난하며 비웃는 거나 개인의 나태나 잘못으로 몰아가서는 안 된다. 이것은 지극히 자연스러운 것이며 마치 정글 같은 사회 속에서 자신을 보호하며 적자 생존하기 위해 선택한 가장 효과적이며 합리적인 방법이기 때문이다.

우리나라의 청년들이 이 방법으로 살았던 건 최근의 일이 아니다. 아주 옛날부터였지만 단지 드러나지 않고 점점 곪다가 이제야 터진, 그저 시기의 차이였을 뿐 반드시 터질 것이었다. 그리고 진행 속도는 걷잡을 수 없이 빨라져 우리나라 자체의 소멸 얘기까지 나올 정도다. 이

것은 (그들이) 받아야 할 벌이자, 청년들이 집행하는 심판이라는 생각도 든다.

그렇다고 이대로 그냥 지켜볼 수만은 없다. 이 연쇄적인 착취의 사슬을 끊어내야 한다. 우리 들꽃의 청년들이 착취당하지 않고, 이용당하지 않고 자신의 삶을 더 수준 높게 만들어 갈 수 있는 사회가 되어야 하고, 또 우리가 그러한 사회를 만들어 가야 한다고 생각한다. 단순히 청년들이 겪고 있는 문제에 대해 함께 공감하고, 분노하는 것만으로는 부족하다. 뭔가를 해야만 할 것 같은데 그 뭔가가 무엇인지는 생각해 보지만 잘 떠오르지 않았다. 그러던 와중 흥미로운 내용을 보게 되었다.

그 흥미로운 내용이란 최근 제124회 노벨상 중 경제학상을 받은 미국의 "다론 아제 모을루", "사이먼 존슨", "제임스 로빈슨" 교수의 이야기이며 이 속에서 우리가 연쇄적인 착취의 사슬을 끊어낼 수 있는 해답을 들여다볼 수 있다.

이 세 교수는 "무엇이 어떤 나라를 부자로 만들고, 또 어떤 나라를 가난하게 만드는지"에 대한 연구에 이바지한 공로를 인정받아 노벨 경제학상에 선정되었다. 교수들은 부국과 빈국을 가르는 결정적 차이는 "사회제도"의 차이라고 말하고 있었다. 그러면서 우리나라를 대표적 사례로 소개했다.

과거 남북한이 분단되기 이전만 하더라도 서로의 경제 상황은 비슷했지만, 결정적인 자본주의와 공산주의라는 경제 체제와 이것을 만드는 민주주의와 독재주의라는 정치 체제가 결합 된 사회제도의 차이가 추후 "한강의 기적"이라 불릴 만큼 엄청나게 가난했던 우리나라가 경제 대국으로 성장하도록 만들었고 북한은 현재까지도 그 가난은 이어지며 독재하고 있는 그 소수의 사람만 배부르고 국민 다수의 인권은 짓밟히고 있다.

여기서 좀 더 살펴볼 점은 부국의 사회제도가 가지고 있는 어떤 한 가지 공통적 특징이다. 그것은 바로 "포용성"이라는 것이다.

포용이란 무엇일까? 사전적 의미로는 "남을 너그럽게 감싸 주거나 받아들임"이라고 한다. 포용의 의미를 좀 더 깊이 생각해 보면 개인이 고유하게 가지고 있는 개성, 가치, 권리 등에 대해 그것을 인정, 존중함과 동시에 공동체로서 소속되고 연결되도록 하는 것임을 알 수가 있다.

그래서 헌법에도 대한민국은 민주주의 국가이며 나라의 주권이 국민에게 있음을 명시하여 대한민국 국민 모두가 주인임을 선포하고 있으며 크게 "민권"이라 부르는 생존권, 안전권, 자유권 등과 "참정권"이라 부르는 투표권, 자위권, 청원권 등을 통해 개인을 어떤 정부나 기관, 단체들의 착취에서 보호하고 있다.

그리고 자본주의의 대표적 특징인 "사유재산 인정" 또한 개인의 노력으로 형성한 재산을 온전히 그 개인의 것으로 인정, 국가가 침해하거나 단체가 침해할 수 없도록 하는 것이며 이외에도 특허권, 저작권 등 개인의 창작으로 인해 만들어진 것들에 대해 인정하고 권리로서 보호하고 있다. 이 모든 것이 대표적인 포용적인 사회제도이며 이것이 북한과의 결정적인 차이를 만들어 낸 것이다.

이 점을 보았을 때 개인(내가)이 수준 높고, 좋은 삶을 살기 위해서는 다른 개인을 배척하고 착취하는 것이 아니라 개인이 가지고 있는 개성,

가치, 권리 등을 인정, 존중하여 포용해야 하며 이것은 자연스레 우리라는 공동체로 연결되며, 결국 나를 넘어 우리 모두의 수준 높고 좋은 삶으로 이어진다는 것을 생각해 볼 수가 있었다.

그리고 다행이라고 생각했던 점은 들꽃에서 이 포용을 이미 현장에서 실천하며 가르치고 있었다는 점이다. 공동생활가정이라는 울타리 안에서 교사와 청소년들이 함께 생활하며 시시콜콜한 얘기들을 나누며 함께 식사도 하고 때로는 같은 문제를 두고 고민하기도 한다. 그리고 이러한 시간이 쌓이며 점차 서로에 대해 조금씩 알아간다.

그리고 여기에서 그치는 것이 아니라 도보, 자립식, 청소년운영위원회, 오늘과 내일의 청년 등 다양한 사업들을 통해 함께 하는 것의 가치를 알고 서로의 삶에 관심을 가지며 점차 연결되어 간다.

코로나 이후로 서로의 연결감은 끊어지고 파편화 되었으며 협력과 상생보다는 경쟁과 각자도생의 시대가 되어가고 있다. 그리고 이 빈틈을 노리는 소수의 기성세대는 파편화된 청년들을 놓치지 않고 이용하고 착취하려 애쓸 것이다.

이러한 시대에 흐름 속에서 우리 들꽃의 청년들이 각자의 삶을 잘 돌보아 더 좋고 수준 높은 삶에 이르고 더 나아가 포용의 사회를 만들어가는 멋진 청년들이 되기를 바란다.

더 나은 지역사회를 위한 여정

이경민

"본인은 군산·김제·부안 갑 국회의원 당선 시 2024 달그락 청소년 친화 정책 추진위원회가 제안한 '달그락 청소년 친화 정책'을 공약에 반영하고 청소년이 행복하고 안전한 사회, 청소년의 목소리를 듣고 움직이는 지역을 만들기 위해 공약을 성실히 이행할 것을 약속합니다."

달그락에서는 청소년이 지역사회 정책변화를 이끌어내기 위한 장으로 2015년부터 매년 청소년참여포럼을 개최하고 있다. 청소년들도 시민이라는 모토 아래 일회성의 토론이 아닌 실질적인 정책제안 활동을 이어왔다. 4월 6일, 달그락 친화 정책 프로젝트의 일환으로 총선을 앞두고 지역구 국회의원 후보자와의 만남의 시간이 있었다. 달그락 참여포럼 추진위원회 청소년들은 작년부터 올해까지 상상 캠프, 달그락 프로젝트, 참여포럼, 전문가 인터뷰 및 자문, 설문조사, 현장답사 과정을 거쳐 인권복지·교육진로·기후환경 분과의 청소년정책 제안서를 만들었다. '깨어난 청소년, 사회를 깨우기 위해 시작하다'라는 목적에 따라 활동한 결과이다.

'느린학습자 지원정책 강화', '교내 진로전담교사 배치 확대', '버스 노선 개편', '전라북도 학교자치조례와 실제 학생회 권한의 격차 줄이기', '이주 배경 청소년 인식개선'과 같은 정책 제안 의제를 구체화하기 위한 근거를 만들어갔다. 버스 배차가 적은 지역 학교 인근을 찾아 불편한 점에 대한 의견을 물어봤고, 다문화특화학교의 교육복지사와 교감을 만나 느린학습자 반과 다문화수업 운영에 대한 선진적 학급운영에 사례를 듣고 정책제안서에 담았다. 고교 진로교사 인터뷰를 통해 청소년들이 상담하는 내용과 현재 진로 대안 영역의 문제, 이후의 대안에 관한 이야기를 나누었다. 공교육의 개선을 요구하고자 '학생회가 가진 권한의 유무를 학생들이 알고 있는지'에 대한 것과 '학교에서 시행 중인 법정의무교육'에 대한 설문조사를 기획하고 특히 학생회 임원 경험이 있는 청소년들에게 설문지를 배포하며 군산 청소년들의 사례를 집약했다.

당일 발표에서 인권복지분과 이주영 청소년은 이주 청소년과 격차가 없는 사회를 위한 인식개선 활동과 느린 학습자를 위한 교육시스템을 제공'을 제안했으며, 교통약자를 위한 버스 안내판 개선 및 장애인콜택시 확대도 제안했다. 기후환경분과 정예인 청소년은 수라갯벌과 같은 현장체험형 환경교육 개발, 다회용컵 변환제도 시범 운영과 자원순환 로봇 네프론 설치 등 자원순환 시스템의 필요성을 주장했다. 교육진로분과 박지호 청소년은 학생회 법제화 및 리더십 교육 실용화, 형식적으로 운영되는 교내 법정 의무교육 점검 시스템 마련, 진로교사 확대, 진로프로그램 시즌제 운영 등 지원 활성화를 통해 청소년의 개성과 주체성이 살아나는 교육환경을 제안했다. 청소년 개인의 이익을 위한 제안이 아닌 시민으로서 지역사회 다양한 구성원의 삶의 질 향상과 행복을 위한 고민이 묻어있는 제안이었다.

신영대 후보는 청소년들의 발표를 듣고 제안한 내용을 자세히 검토해 보겠다고 말하며 당선이 된다면 청소년 담당 특별 보좌관이 만들어질 수 있도록 노력해 보겠다고 말하기도 했다. 발표와 질의 이후 정책 실현을 약속하는 서약식이 진행되었다. 신 후보, 이주영 청소년, 청소년자치연구소 정건희 소장이 함께 서명했다. 지역사회를 청소년이 행복하고 시민이 참여하는 공간으로 만들기 위한 과정은 매년 계속되고 있다.

진심으로 관심을 가지면 생기는 일

정이한

    2024년 달그락프로젝트가 마무리되었다. 각 분야에서 청소년 팀 활동이 활발히 이루어졌고, 변화와 성과를 남겼다. 지난 26일에는 군산시자원봉사센터 강당에서 발표회가 진행되었다. 그동안 지역 안에서 만들었던 변화가 청소년의 입을 통해 공유되었다. 올해는 군산시의 지원을 받았기 때문에 더 많은 분야의 활동에 도전할 수 있었다.

    한 주제여도 청소년들이 보는 관점은 다양했다. '환경'이란 주제 안에서 여러 활동이 펼쳐졌다. 하온팀은 생명보호 가치를 내세우며 유기동물보호소 봉사와 생명보호 캠페인을 전개했다. 팽수를지키는아이들 팀은 군사의 팽나무와 수라갯벌을 지키고자 했다. 팽나무는 미군기지 확장에 의해, 수라갯벌은 새만금 신공항 건설에 의해 사라질 위기에 처해있다. 미세플라스틱이 배출되지 않는 물품을 마케팅해본 마이크로 팀, 직접 플로깅을 하고 영상을 제작하여 공유한 세이브더네이쳐, em 흙 공을 만들어 하천을 정화한 지구지킴이 팀 등 지역사회 문제에 아이디어를 더해 새로운 대안을 만들어갔다. 자주적행복팀은 버려지는 교복을 업사이클링하여 굿즈를 제작했고, 판매금은 유기동물보호센터에 기부했다.

군산 이야기를 담아 예술로 꽃피운 팀들도 있다. 메이드인 군산팀은 잘 알려지지 않은 군산의 역사 활용하여 그림책을 만들었다. 직접 조사하고 공부하며 이야기를 구성했다. 다 함께 초원사진관, 뜬다리부두를 방문하여 이미지를 채취했다. 화가이신 이미영 멘토님의 지원으로 하나하나 정성스럽게 그림을 완성했다. 군산중 청소년들로 이루어진 지존군중팀은 군산의 특산품인 '박대'를 재치 있는 캐릭터로 표현했다. 바디필로우로 제작해 보자는 의견도 제안되었다.

쌍천이영춘팀과 고군산군도팀은 각각 이영춘 박사와 고군산군도의 역사를 안내자료로 제작했다. 군산에 살지만 역사를 모르는 이들, 또 관광객들을 대상으로 하여 알려지지 않은 가치를 안내했다. 특히 고군산군도는 CNN이 뽑은 아시아에서 가장 저평가된 장소라고 한다. 청소년들은 홍보와 확산이 더 필요하다는 것을 알게 된 계기라고 말했다.

텐하는 청소년의 정신건강을 위하여 홈페이지를 열었다. 아래 링크를 클릭하면 된다. MBTI의 T성향과 F성향을 가진 두 명의 청소년 상담원이 고민에 공감해주거나 해결책을 제시해준다. '고민을 누구에게도 말 못 할 청소년들을 위해 만들었다.'고 했다. 늦은 밤 온라인모임에도 열심히 참여하며 홈페이지를 만든 청소년들의 목소리에서 강한 자신감이 느껴졌다. 이 밖에도 세계시민이 되어 미얀마의 청년, 아동들을 지원한 세시봉, 청소년의 안전한 이동권을 위하여 설문조사와 캠페인을 진행한 교통지킴이팀이 있다. 활동을 통해 만든 결과물과 의제들을 잘 취합하여 자치활동 혹은 정책제안으로 이어가기로 했다.

참여 청소년들은 공통적으로 이렇게 말했다. '힘들었지만 보람이 있었다.' 그렇다. 지역의 문제를 해결하는 것, 그리고 좋은 아이디어를 제안하는 것은 쉬운 일이 아니다. 그러나 진짜 필요한 일이다. 아무것도 하지 않으면 아무 변화도 일어나지 않는다. '이게 될까?' 하는 순간도 있었지만, 시간과 노력을 들여 진심으로 임했다. 과정에서 멘토와 자원활동가의 지원도 있었다.

"'진심'으로 '관심'을 가질 때, 그 순간 '변화'가 일어납니다."
_ 팽수를지키는아이들 정예인

"내가 하는 일이 크지 않더라도 누군가에게 영향력을 미친다는 생각에 동기와 책임감을 느꼈습니다. 작지만 확실한 변화를 만들어가며 더 나은 세상을 만들 수 있다는 희망이 커지게 되었습니다."
_ 세이브더네이쳐 조윤지

이렇게 올해의 달그락프로젝트가 마무리되었다. 비교적 긴 호흡을 가진 활동이기 때문에 고민도 걱정도 많았지만, 무사히 잘 끝났다. 프로젝트 속 여러 변화 중에서도 가장 크고 소중한 것은 청소년의 변화인 것 같다. 진심으로 관심을 가지고 임했다. 더 나은 사회를 만들 수 있을 거라는 희망도 생겼다. 정예인 청소년의 말처럼 이미 변화는 일어나고 있는 것이다. 그리고 계속 이어질 것이다.

지역사회 네트워크 강화
언젠가는

'진지해서 좋아'의 준비과정부터 진행까지

김현아

달그락에서 팀별로 청소년 방송을 진행하게 되었다. 기존에 진행하던 마을 방송과 달리 '청소년'을 필두로 지역사회의 진정한 스승을 소개해 청소년들의 진로 고민에 도움을 주고, 좋은 어른들과의 관계 형성으로 지지기반을 마련할 수 있도록 하는 방송들을 진행했다. 세 코너가 고정으로 진행되었고, 팀별 스페셜 코너를 추가로 방송했다.

고정 코너로는 달그락 ASPECT 청소년기자단이 한 주간 작성한 기사를 뉴스처럼 소개하는 'Weekly News', 달그락의 여러 자치기구에 대해 자치기구원이 직접 설명하며 지역사회에 홍보하는 'DM(Dalgrak Movement)', 청소년들이 좋아하는 지역사회의 선생님들을 소개하는 '굿티쳐스'가 진행됐다. 특별코너로 진로지원팀에서 하는 '진지해서 좋아' 방송에서는 청소년 활동을 지원해 주시는 대학생 자원활동가 조직 '청담' 선생님들을 소개하는 '청소년을 닮다' 코너도 운영했다. 첫 번째, 두 번째 코너에서는 청소년들이 활동한 내용을, 세 번째, 네 번째 코너에서는 청소년 활동을 지원하는 사람들의 이야기를 담아보았다.

　방송을 준비하며 직접 방송에 출연하는 것을 부담스러워하는 모습을 보이는 청소년도 있었다. 하지만 얼마 지나지 않아 자신의 기사를 직접 소개한다는 것에 자부심을 가지고 꼼꼼하게 방송을 준비하는 등의 모습을 보였다. '굿티처스' 코너를 준비할 때는 학교 선생님들이 방송에 나오는 것에 대해 부담스러우실 수도 있겠다고 생각했으나 김도담 청소년이 이소연 선생님을 직접 찾아뵙고 방송 출연을 요청드리니 "도담이(청소년)가 원하니까 출연할 수 있지"라며 흔쾌히 방송 출연을 결정해주셨다. 또, 청소년들의 진로고민에 대해 이야기나누는 '청소년을 닮다' 코너를 준비할 때 김혜린 자원활동가는 청소년들의 고민을 직접 해결해줘야 하는 건지, 청소년들의 고민에 대해 자신이 섣부른 판단하지 않을지에 대한 걱정을 했다. 각자 방송을 잘하고 싶은 마음에 많이 고민하고 더 열심히 준비하는 모습을 보였다.

　이번 방송에서 소개한 자치기구는 수공예자치기구 '메이크드림'이었다. 공동MC인 김도담 청소년이 대표로 있는 자치기구이기도 하다. 메이크드림 시아현 청소년이 방송에 나와 메이크드림을 소개하는 모습에 김도담 청소년이 엄마 미소를 띠는 모습을 보여주었다. 이소연 선생님께서 사전에 받은 방송 링크를 반 단체 톡방에 안내하여 많은 군산남중학교 학생들이 시청을 유도할 수 있었다. 실시간 채팅에 많은 지역 청소년들이 참여하여 작성한 댓글을 읽어주며 실시간으로 소통을 할 수 있었다. 실시간 채팅창 활성화를 통해 달그락 청소년 방송이 달그락 뿐만 아니라 지역사회 내 청소년 방송으로 자리 잡는 첫걸음을 내디딜 수 있었던 것 같다.

　방송의 마지막에는 달그락에서 5주간 활동하신 인턴 선생님들이 출연하셔서 달그락에서 인턴을 경험하며 "가장 기억에 남거나 인상 깊었던 일, 또는 느낀 점이 있으신가요?"라고 질문했다. 유호선 선생님은 이전에 위기 청소년이 있던 시설에 있었다보니 청소년에 대한 인식이 좋지 않았었는데, 달그락에서 청소년들을 만나며 청소년에대한 인식이 긍정적으로 바뀌었다고 이야기했다. 강민성 선생님은 현재 교육대학에 재학중인데, 학원이나 과외를 통해 교육을 받는 청소년들을 만나다 보니 수동적인 모습을 많이 봐왔으나, 달그락 청소년들의 주체적이고 능동적인 모습이 인상적이었다고 이야기했다.

　달그락 청소년들이 어떤 활동을 하는지 지역사회에 실시간 방송으로 안내하고, 지역사회 청소년들을 위해 활동하시는 좋은 선생님, 청년 자원활동가들을 소개하며 달그락의 네트워크를 강화할 수 있는 자리였다.

언젠가는

황혜신

코로나라는 긴 터널을 지나오며 청소년의 자립을 지원한 지 어느덧 5년 차에 들어섰다. 누군가의 삶을 지원하는 일이니 어려운 것은 당연하지만, 청소년을 만나고 그들의 삶을 지원하는 일은 익숙한 듯 낯설기도 하고 낯선 듯 익숙하기도 하다.

현재 우리 사회의 자립 지원은 가정 밖 청소년이 어떤 보호 체계에서 보호되고 보호종료 되었는지에 따라 그 편차가 크다. 사회가 그들이 가정 밖으로 나온 이유보다 어디서 보호되었는지에만 관심이 있지만, 청소년의 자립은 진행형이고 우리는 현재 우리가 할 수 있는 최선을 다해 자립을 지원하는 것에 마음을 두기로 했다. 그럼에도 우리의 자립 지원이 과연 청소년의 자립을 지속가능하게 하는가를 늘 고민했다. 초기에는 당사자의 의견을 듣기 위해 소수의 청소년에게 평가를 요청했고, 2년 전부터는 매년 우리가 만나고 있는 청소년들에게 우리의 자립 지원이 당신의 자립에 어떤 도움이 되었는지, 더 필요한 지원은 무엇인지 의견을 구하고 있다. 청소년들의 응답에 일희일비하며 성찰의 시간을 갖지만, 그럼에도 그들의 삶 안팎을 둘러싼 상황에 대처할 수 없는 현실에 절망하곤 했다. 보조금을 받고 자립을 지원한다는 것이 양면성이 있고 그래서 포기하는 일도 있지만, 우리는 한계를 인정하고 계란으로 바위를 치는 일이라도 무언가 다르게 할 수 있는 방법이 있는지를 고민했고 실행으로 옮길 방법을 모색했다.

현실의 벽

우리는 만17세~만24세 청소년의 자립을 지원하고 있다. 개관 초기에는 만19세~만24세의 청소년을 지원하였으나, 미성년청소년의 자립 지원 요청은 늘어나고 이들에 대한 공공과 민간의 자립 지원이 절대적으로 부족한 상황에서 우리는 결단이 필요했다. 우리는 긴 논의를 거쳐 지원 대상을 넓혀 만17, 18세의 청소년도 지원하기로 하였다. 한편 우리의 또 다른 고민은 우리 법에서는 미성년청소년은 보호자의 보호가 필요한 대상이므로 독립된 존재로 살아갈 수 없다고 규정하고 있는데, 가정 밖으로 나오는 청소년의 연령은 점점 어려지고 있고 다양한 이유로 청소년쉼터에 갈 수 없는 청소년도 있는데 '우리는 이들의 자립을 위해 무엇을 할 수 있을까?'였다.

작년부터는 만16세 청소년의 자립지원 추천이 들어오기 시작했다. 연령의 이유로 자립 지원이 불가함에 대해 추천기관에 양해를 구하고자 연락하면, '청소년과 얘기해서 겨우 들꽃을 추천했는데, 여기마저 안 되면 어디로 지원을 요청해야 할지 모르겠다'는 이야기를 듣곤 하였다. 이후 청소년 친화적인 기관을 찾아 연계했으나 다른 기관으로 연계해야 하는 미안함은 숙제처럼 남아 있다.

한편 만25세를 앞둔 청소년의 자립지원도 어려움이 있다. 심의를 거치고 자립지원을 시작할 때가 만25세면 자립지원이 불가하다. 최근 추천된 청소년의 경우 청소년쉼터에 오랜 기간 머물렀다고 하여 자립지원수당을 받을 수 있는 요건이 된다면 어떻게든 지원해보려 했지만, 결국 그마저도 불가하여 청소년 친화 기관을 찾아 연계하여 마무리하였으나, 우리의 한계로 다른 기관으로 연계할 수밖에 없는 현실은 또한 숙제가 되었다.

그런데 이 상황에서 공통으로 발견한 현실의 벽은 가정폭력이나 학대 상황으로 탈가정한 청소년이 부모에게 연락이 갈 것에 대한 두려움으로 청소년쉼터에 단기간만 머물거나, 청소년쉼터 입소를 기피한다는 것이었다. 상위법과 하위법의 충돌 지점에서 결국 청소년이 피해자가 되는 현실은 모순적이라는 생각이 들었고, 현장에서 청소년의 자립을 지원하며 발견되는 수많은 모순이 결국 우리를 움직이게 하는 동력이 되었다.

함께 하기

정부와 지자체의 보조금을 받게 되면 우리의 지향을 유지하기 어렵다는 것을 종종 체감하고 있다. 개관 초기에는 기존의 시스템이 모순됨을 알지만, 혹여 우리 청소년들의 자립지원에 영향을 미칠까 싶어 균열을 내는 움직임이 마냥 조심스럽기만 했다. 그러나 우리는 한발 더 나아가 청소년 자립을 지원하며 발견한 허점들을 드러내고 우리의 목소리를 내는 일에 적극적으로 참여하기로 했다. 의견서나 제안서를 낼 기회가 있다면 온 구성원이 함께 검토하고 논의하여 열심히 작성하고 청소년의 자립 상황을 알리는 외부의 초대에 적극 응하고 다양한 연대에 참여하였다. 때론 부담되기도 했지만, 모든 구성원이 다양한 연대에 참여하여 당사자의 직접 참여를 독려하거나 그들의 목소리를 대변하는데 함께 하고 있다.

그래서 우리의 연대는 온전히 청소년의 삶과 맞닿아 있다. 청소년 주거권 보장을 위한 청소년주거권네트워크 온, 1인 가구와 청년 가구가 많은 관악구 지역의 주거환경 개선을 위한 관악구지역사회보장협의체 주거분과, 학교 밖 청소년의 보호와 교육, 진로와 자립지원을 위한 관악구학교밖청소년네트워크, 관악 청년 삶의 질 향상을 위한 관악유스크루, 관악구 위기 청소년 지원을 위한 관악구청소년복지실무위원회 등에 참여하고 있다. 그리고 앞으로도 청소년 자립 지원에 연계할 부분이 있다면 새로운 네트워크의 참여는 계속 고민할 것이다.

지금까지 그랬듯 앞으로도 우리는 자립준비청소년의 동반자이자 조력자가 되고 싶지만, 가끔 폭력적인 표현들을 쏟아내는 청소년을 마주할 때면 좌절하기도 한다. 그럴 때면 우리는 마음의 어려움을 나누고 서로의 마음을 헤아리며 위로하고 격려한다. 그리고 좀 시간이 걸리고 어렵더라도 청소년과 이야기를 나누려 한다. 그러한 청소년들과의 치열한 고민과 노력이 우리 안에서 더 나아가 언젠가는 들꽃의 울타리를 넘어 유관기관들과 함께, 다양한 연대들과 함께, 더 나아가 지역사회, 시민과 함께 할 수 있기를 기대한다.

후원자 확장과 참여시스템 강화
느슨한 연대

인드라얄라 (느슨한 연대)

이 솔

　산스크리트어로 인드라얄라(Indrjala) 라는 단어가 있습니다. 인드라는 그물이라는 뜻으로 불교에서 끊임없이 서로 연결되어 온 세상으로 퍼지는 법의 세계를 뜻합니다. 2020년 코로나가 한창이던 시기 한 언론사에서 현대인의 라이프 트렌드를 조사를 했습니다. 그리고 핵심단어로 꼽힌 단어가 바로 '느슨한 연대(Weak ties)'였습니다. '그물'과 '느슨함'이 두 단어가 합쳐지면 우리 선조들의 지혜로움이 보입니다.
　'그물'은 무언가를 가두기 위한 장치입니다. 주로 물고기를 잡을 때 우리는 촘촘하고 단단한 그물을 사용합니다. 그런데 만약 그 그물이 헐렁하고 느슨하면 어떻게 될까요? 물고기는 다 그물 사이로 빠져나가겠죠. 그리고 그 자리에는 '생명의 순환'이 남게 됩니다. 우리 선조들은 그물의 촘촘함을 조절하며 물고기의 개체 수가 유지될 수 있도록 어린 물고기들을 풀어주었죠.
　'느슨함'은 근대시대에서는 '연약함'이었습니다. 철과 콘크리트를 이용하여 단단하고 강한 속성을 가진 것을 만들어 우리의 세계를 보호했고, 다른 세계를 공격하는 데 사용했습니다. 커다랗고, 단단한 것이 좋은 것이라 여겨졌습니다. 나무와 흙이 사라지고 벽과 아스팔트가 생겼습니다. 자연의 울림은 도시의 소음으로 변화했습니다. 우리의 소통은 그렇게 사라지고 있었습니다. 그런데 '느슨한 연대'라니 어떻게 연결이 느슨할 수 있을까요?

'느슨한 연대'를 이야기하기에 앞서 현대인들의 외로움에 관해 이야기해 보려 합니다. 우리는 손에 있는 휴대폰을 통해서 언제든지 지구 반대편에 있는 사람과도 연결될 수 있습니다. 그런데도 큰 외로움과 소외감을 느낍니다. 이는 타인의 감정을 이해하려 하거나, 타인의 삶에 개입하는 것을 극도로 꺼리는 현대 문화와 관련이 있습니다. 외롭지만 누군가를 만나기는 싫죠. 그렇기에 사람들은 '느슨함을 가진 연결'을 원합니다. 소셜네트워크의 발달로 이러한 현상이 더 늘어났고 결정타를 날린 것이 코로나19로 인한 거리 두기였습니다.

과거에는 직장은 평생직장, 종신고용이란 말로 가족 같은 끈끈함을 만들었죠. 점심도 늘 같이 먹었습니다. 심지어 저녁에는 회식도 했죠. 가족에게는 소홀해도 직장에는 소홀하지 않았죠. 하지만 이제는 결혼과 아이를 가져서 가족을 만드는 것은 당연한 것이 아니게 됐고, 직장의 의미도 모두 변화했습니다. '나 혼자 산다'가 유행하고, '혼술', '혼밥' 등 싱글 이코노미가 소비 트렌드로 부각됐습니다. 그런데, 우리는 계속해서 인드라얄라를 추구합니다. 느슨함 속 연대를 찾습니다. 혼자가 편하다면서 결국 외로움을 함께 나눌 누군가를 찾습니다. 그것은 바로 인간(人間)은 절대로 혼자서 살 수 없는 불완전한 존재이기 때문입니다.

2023년 서울숲에서 공공미술 프로젝트의 주제가 '숨쉬는 그물'이었습니다. 목재 시설물이었는데 주재료는 목재와 그물이었습니다. 전체적인 모습은 나무껍질의 속성처럼 연약한 것들이 겹겹이 쌓여 서로 연대해 나무 안쪽을 보호하는 것처럼 구성되었고 그물 사이로 들어오는 햇빛과 바람이 쉼터로서의 완벽한 역할을 이루는 모습이었습니다. 저라는 인간 한 명은 매우 연약한 존재입니다. 함께 생활하는 아이들이 던져주는 정답이 없는 문제들과 직면할 때 무기력함을 느끼기도 하고 좌절을 느끼기도 합니다. 그리고 저의 선택이 옳은 선택이었을까 수십 번 고민하고 마음을 졸입니다. 그런데 함께 근무하는 선생님께서 오시면 저는 그게 너무 좋습니다. 고민을 함께 나눌 존재가 있으니 마음이 가벼워집니다. 연약한 두 겹의 나무껍질인데도 불구하고 콘크리트처럼 단단해지는 기분이 듭니다. 들꽃에게 있어서 후원자는 나무껍질이 아닐까요. 우리의 두꺼운 껍질이 되어주는, 느슨한 연대입니다.

최정규 교수가 2008년에 쓴 책 '이타적 인간의 출현'은 인간이 왜 이타적 행동을 하는지 존 내시의 게임이론을 바탕으로 풀어 쓴 책입니다. 게임이론은 영화 '뷰티풀 마인드'로도 유명한데 그 핵심은 '인간은 상대의 전략을 전제로 자신의 이익을 최대화하는 전략을 선택한다'라는 것입니다. 이 책은 죄수의 딜레마로 이야기를 시작합니다.

두 명의 공범이 다른 취조실에 앉아 있는데, 검사는 자백하면 석방하고 만일 다른 공범이 자백하는 상황이 벌어지면 10년의 징역형을 받는다고 압박합니다. 물론 둘 다 입을 다물고 있으면 1년만 감옥에서 보내면 됩니다. 사실 제일 좋은 것은 둘 다 묵비권을 행사해서 1년으로 형을 경감받는 것이지만 누군가 배신하는 순간 10년의 징역을 살기 때문에 배신이 제일 나은 선택이 됩니다. 결국 죄수의 선택은 둘 다 배신하여 둘 다 5년씩 복역하게 됩니다.

그런데 진짜 문제는 이런 합리성이 사회에 적용됐을 때 발생합니다. 바로 '공유지의 비극'입니다. 책에서는 한 어촌의 예를 듭니다.

한 어촌이 있는데, 서로 자신의 이득을 최대한으로 늘리기 위해 물고기를 남획하려 들면 인근 해역의 물고기는 곧 고갈되고 말 것이기 때문에 마을 사람들이 모두 협조해서 어획량을 조절할 필요가 있습니다. 그렇게 된다면 공유지(=바다)는 오래도록 사람들이 이득을 얻을 수 있는 공간이 됩니다. 하지만 모두가 협조해서 약속을 지키는 가운데 이기적인 몇 사람이 마음껏 고기를 잡으면서 더 큰 이익을 챙겨갑니다. 이는 앞서 말한 인드라얄라, 바로 느슨한 그물을 만드는 선조의 지혜입니다. 하지만 그 가운데 몇몇 촘촘한 그물을 만드는 이들이 존재합니다.

이처럼 분명 '배신'은 큰 이득이 되고, 유리한데 왜 우리 주변에는 여전히 많은 사람이 바보처럼 이타적인 행동하는 것일까요? 책에서는 죄수의 딜레마를 가족끼리 벌인다면 어떤 결과가 나올지 주목합니다. 이것은 도킨스의 유명한 책 '이기적 유전자'에서 지적했던 이야기입니다. 인간이 자기 유전자를 가진 가족이나 친척에게 '희생'하는 행위는 자기 자신의 유전자에 이득을 주는 행위로서 '희생'이 아닌 '이득'이라는 관점입니다. 여기서 책은 한 번 더 질문을 합니다.

그렇다면, 피가 섞이지 않은 이들, 아무런 연관이 없는 이들에게 이타적인 행동을 보이는 사람들은 왜 이렇게 많은 걸까요? 이는 바로 '상호성 가설' 즉, 눈에는 눈 이에는 이라는 설명을 합니다. 어떤 집단에서 이기적인 행동을 하면 주변의 사람들도 그에게 이기적인 행동을 보이고, 이타적인 행동을 보이는 경우 그가 어려운 상황에 놓였을 때 이타적인 도움을 받을 수 있다는 것입니다. 이것이 바로 우리 사회가 필요로 하는 느슨한 연대입니다.

나의 유전자를 갖지 않은 사람들에게 '사회적 부모'가 되어주고, '인드라얄라'가 되어 사회의 무거운 돌덩이, 차가운 시선들은 걸러내고 오직 사랑만 남겨주는 느슨한 연대입니다. 우리는 그 연대 속에서 느슨하지만 끈끈한, 연약하지만 단단한 존재가 됩니다. 그리고 이 사랑의 그물은 옆으로 손을 내밀어 늘려나갈 수 있습니다. 우리가 살아가는 사회는 정말 쉽지 않습니다. 어려움이 너무 많습니다. 자세히 보면 비극들로 가득합니다. 벽과 아스팔트를 부수는 것은 망치가 아니라 따뜻한 비입니다. 연약한 나무껍질이 30년이라는 시간 동안 겹겹이 쌓여 커다란 생명의 나무를 만들었습니다. 이곳에서 열리는 사랑의 열매가 너무 달콤하고 맛있습니다. 감사합니다. 이 열매를 만들어 주신 모든 후원자, 종사자, 그리고 청소년들. 우리 이 사랑의 열매를 계속해서 느슨하게 연대하여 가꾸어 나갑시다.

청소년을 지역사회와 함께 키우는 가정

유명한

　올해로 아모그린텍장미가정에서 시설장으로 근무하게 된 지 딱 6년이 되었다. 6년이라는 시간 동안 많은 봉사자분들과 후원사와 후원자분들께서 우리 아모그린텍장미가정의 청소년들을 위해 도움을 주셨다. 아모텍 임직원분들의 멘토링 활동으로 다양한 문화체험 활동과 진로에 대해서 고민하고 체험하는 시간을 가졌고 또한 아모텍에서 청소년의 디딤씨앗통장에 후원해 주셔서 정부와 기업의 도움을 받을 수 있었다. 또한 들꽃청소년세상 법인을 통해서 청소년 학원비 혹은 의류지원등 다양한 지원을 받았었다.

　하지만 청소년 개별 특성에 따른 지원, 혹은 청소년 개인 후원 계좌 발굴에 대한 부분은 부족하였다. 이에 우리 실무자는 2022년부터 청소년 개별 후원자 발굴과 후원자와 청소년을 연결하기 위해 노력을 하기 시작했다. 지역 사회에 연고가 없는 우리 아모그린텍장미가정 실무자들은 우선적으로 관악구청 아동청소년과 아동보호전담요원과 자원

연계과 담당주무관과의 관계 향상과 청소년들의 관악구청에서 진행하는 사업의 적극적인 참여를 유도하였다. 이에 관악구청의 연결로 2022년부터 현재까지 관내 건설회사로부터 개인 후원을 받기 시작하여 청소년 1명의 디딤씨앗통장에 10만원, 개인 통장에 10만원을 매달 20만원씩 5명의 청소년에게 매달 100만원 후원을 받았고, 청소년이 자립한 이후에서 3년까지 매달 후원해주시기로 약속 받았고 현재 후원 중에 있다. 또한 온라인 커뮤니티 단체인 82쿡에서 매달 가정에 방문하여 청소년에게 엄마의 따뜻한 식사를 3년째 제공해주시고 계신다. 관악구청 자원연계과의 긍정적인 관계로 인해 청소년 1명이 올해 10월부터 매달 10만원을 개별 후원을 받았다. 저희 실무자들이 지원사업이나 모금을 통해 청소년을 후원 또는 지원도 받지만 지역사회 네트워킹과 관계 부처와의 긍정적인 관계 형성을 통해 많은 후원과 지원을 받는 계기였다. 이외에도 스마일게이트라는 게임 회사를 통한 경계선지능 청소년 지원으로 매년 700만원씩 운동비 지원, 관내 국회의원의 후원 등 각계각층의 후원을 확장하는 3년이었다.

2022년부터 2024년까지 우리 아모그린텍장미가정은 다양한 후원자의 확장과 참여가 있었다. 이에 2025년부터는 청소년 자치 기구의 확대와 역량 강화를 통해 지역 사회 참여 수준을 항상 시키려 한다. 이를 위해 서울지부 청운회 활동의 활성화와 코로나19 이전 시대에는 활발했던 오디 & 장미가정 청소년들의 자치모임이 오미자 모임을 활성하여 청소년 자치 기구를 확대하려고 한다. 이런 청소년 자치 기구의 활성화를 통해 관악구에서 진행하는 별빛축제 참여나 관악구청에서 생각하고 청소년 공간이 마련되면 그 공간을 통하여 다양한 지역 사회의 활동에 참여하려고 한다.

 위와 같은 활동에 있어서 가장 중요한 것은 우리 아모그린텍장미가정이 추구하는 비전인거 같다. 저희 실무자들은 앞으로 5년의 비전설정을 하면서 우리 가정의 비전 문장으로 "사랑과 존중을 바탕으로 함께 행복하고 성장하는 따뜻한 가정이 되자"였다. 청소년과 실무자 모두 있는 그대로 받들이고 조건 없이 존재 자체만으로 사랑할 때 따뜻한 가정을 만들어 갈 수 있다고 생각한다. 이런 가정 혹은 테두리 속에서 청소년이 성장할 때 정서적인 안정감을 느끼게 되고, 이로써 청소년의 내면에 강한 힘이 생기고 이를 여러 주변의 사람들과 나누기 위해 청소년 자치모임이나 지역사회 활동에 적극적인 참여가 이루어진다고 생각한다. 우리 아모그린텍장미가정은 지난 3년 동안 즐거운 일과 힘든 일, 누군가와 헤어지는 슬픈 일을 겪었다. 이에 주저앉아 슬퍼하고 있지만 말고 청소년, 그리고 자립 준비 청년들과 함께 더욱 성장하려고 노력하겠다.

한 명의 후원자가
10명의 후원자를 만든다

김진희

 일반 사람들에게 후원이란 단어는 커다란 부담감으로 와 닿는 것이 사실이다. 내가 남을 도울 정도로 여유가 있는 것이 아니며 후원은 돈 남아도는 부자만 할 수 있는 것으로 생각하는 사람들이 일반적이다. 그런 사람들에게 후원받는 것은 어려운 일이기 때문에 기존 후원자를 통한 후원자 발굴이 훨씬 쉬울 것이다. 기존 후원자들은 후원에 대해 깊이 생각하고 진행하는 사람들이기 때문에 이분들이 후원에 대해 말씀해주시는 게 우리가 후원해 달라고 요청하는 것보다 받아들이는데 훨씬 효과적일 것이다. 그렇다면 기존 후원자들을 어떻게 하면 장기 후원자로 만들 것인가가 중요한 것 같다.

 일단 후원의 선두인 굿네이버스를 보면 정기간행물을 보내주면서 후원 아동의 편지와 함께 아동의 성장 과정을 꾸준히 후원자에게 전달해주고 아동의 성장을 함께 지켜보도록 하고 있다. 우리 들꽃도 정기간행물을 보내주면서 현재 아동들이 어떻게 생활하고 있는지를 지속해서 알려주고 있으며 일 년에 한 번씩 자립식 행사 초대를 통해서 아동의 성장 마무리인 자립을 함께 하도록 자리를 마련하고 있다. 그런데 여기서 좀 더 나아가 고3 과정까지 잘 자라서 성인이 되었다는 그것뿐만 아니라 그 성인이 된 아동이 반듯한 직장인이 되어서 더 이상 사회의 도움을 받지 않아도 스스로 경제적 자립할 수 있는 단계에 이르렀을 때가 진정한 자립이 아닌가 싶다. 따라서 자립 식에 경제적 자립을 한 선배 아동을 초청해 자립 과정 이야기도 듣고 정기간행물에도 가끔 직장을 잡고 잘 생활하고 있는 아동들의 이야기를 올린다면 후원자들에게 후원에 대한 보람을 느끼게 해 줄 수 있을 것 같다.

들꽃의 역사가 30년이 된 만큼 20살의 아동이 초창기에 있었다면 그 아동은 이제 50살이 되었을 것이며 우리 들꽃을 거쳐 간 아동들은 40대, 30대, 20대로 살아가고 있을 것이다. 그 아동들을 일 년에 한 번씩 초청해 들꽃의 날을 만드는 것을 추천하고 싶다. 현재 각각의 그룹홈에 사는 아동들과 선배들이 함께 만나서 이야기도 하고 고민도 들어주고 식사도 하면서 고향이 들꽃으로 같다는 동질감을 느낀다면 들꽃을 거쳐 간 선배들이 자연스럽게 후원자로 이어질 수 있을 것이란 생각이 든다.

들꽃의 후원자 한 명이 소중하고 그 후원을 받고 자라고 있는 우리 아동들이 소중하기에 이 후원의 참여시스템을 강화한다면 더 많은 후원자가 들꽃을 지지해주고 또 다른 후원자를 끌어내는 마중물이 될 것이라 확신한다.

들꽃비전설정
들꽃의 입체적인 발걸음을 생각하며

관악산을 오르며
'들꽃'의 입체적인 발걸음을 생각하며

김현수

 뒷산, 관악산에 오른다. 묵묵히 서 있는 신갈나무에게 경건을 배운다. 회양목 군락지를 만난다. 그 열매를 흔들어 땄던 산사나무, 지날 때마다 눈길이 간다. 오리나무는 먼저 살던 봉천동 국사봉에도 많았다. 아카시아, 지난봄 유난히 흐드러지게 피었다가 거센 바람에 하얀 꽃길을 깔았다. 관악산에 오르면 이 가을에도 들꽃에 관심이 간다. 동류의식이랄까. 관악산 연주대까지 이르다 보며 다양한 들꽃들을 만난다. 감국, 산국, 구절초, 쑥부쟁이, 벌개미취 등 야생국화들을 만난다. 꽃아재비, 꽃향유, 며느리밥풀… 가을 들꽃은 군락을 이루고 있어도 허허롭다. 연주대에서 내려오며 한 해를 갈무리하는 꿩의비름 무리를 만난다.
 산은 평화로 가득하다. 신갈나무이던 작은 벌개미취이던 저마다 자기 영토를 지닌다. 저마다의 영토에서, 대지로 뿌리를 내린다. 하늘의 햇살을 받는다. 바람을 향유한다. 대지, 하늘, 바람, 공유한다. 신갈나무도 벌개미취도 자신의 영토를 지닌 나라다.

우리 들꽃공동체가 지난 30년 동안 꿈꾸어 온 세상이다. 이 땅의 청소년들 한 사람 한 사람이 저마다 나라로 인정받는 세상, 청소년 세상이 나라로 인정되는 세상이다. 청소년 한 사람 한 사람이 존엄한 존재로 인정받고 나라로 승인되는 세상이다. 식민지 백성은 안 된다. 당연하지만 존재하는 것은 홀로일 수 없다. 나무와 풀과 꽃과 새가 어울려 생태계를 이루듯이. 청소년도 한 사람 한 사람이 나라라고 해서 유아독존을 말하지 않는다. 평화의 생태계를 이루기 위한 바탕이다. 그래서 청소년과 청소년들의 세상이 '나라'로서 선포된 것은 들꽃공동체의 출발이다. 그 완성은 궁극적인 지향이다.

들꽃공동체는 30주년을 맞이하여 두 가지 기념사업을 해왔다. 첫 번째는 지금까지의 여정을 돌아보는 '역사 정리'다. 30주년 첫해인 작년에 공동작업을 했다. 역사 정리를 통해 확인한 것은, 들꽃공동체가 청소년이 행복한 세상을 꿈꿔왔다는 점이다. 행복이라는 말은 스펙트럼이 특히나 넓다. 맛있는 것을 먹는 것, 행복이다. 함께 수다를 떠는 것, 행복이다. 사랑하는 친구와 가을 길을 걸어가는 것, 행복이다. 공부에 진전이 있는 것, 행복이다. 우리 들꽃공동체가 꿈꾸는 행복이라고 유별난 것은 아니다. 그 행복이 지속되길 바라고 참되기를 바란다. 그 행복이 평화의 생태계에 연결되기를 바란다. 30주년을 맞이하여 두 번째로 비전을 설정하는 과정을 거치고 있다. 새로운 비전에도 우리 청소년 한 명 한 명이, 청소년의 세상이 행복하기를 바라는 염원이 녹아있다.

들꽃의 여러 현장에는 시급한 일상의 과제가 넘쳐난다. 급한 일들이 우리를 재촉한다. 그럴수록 들꽃의 비전과 가치를 염두에 두어야 한다.

청소년들이 스스로 참여하고 목소리를 낼 수 있도록 함께하는 것, 해결책을 제공하는 것보다 훨씬 복잡한 과정이다. 그래서, 우리는 서 있는 위치를 확인하고 가야 할 궁극에서 눈을 떼어서는 안 된다. 비전설정이 이벤트로 끝나서는 안 되는 이유이다. 단순히 멋진 문구를 만들어 장식하는 것은 아니다.

머리를 맞대고 들꽃공동체가 함께 참여하여 비전을 설정했다. 이제는 실천이 문제다. 설정된 비전과 철학을 계속 안내하고 전략을 마련하여 추동할 조직이 있어야 한다. 실천 전략에서 역량의 배치가 가장 중요한 이유이다. 현장에는 매일 매일 삶과 과제가 밀려든다. 우리가 약속할 때, '언제 한 번 만납시다' 하는 것은 '만나지 맙시다' 하는 말이다. 만날 시간과 장소를 정하지 않았기 때문이다.

비전전략팀을 지속적으로 세워야 하는 이유이다. 비전전략팀은 단순히 비전을 제시하고 끌어가는 조직이 아니다. 현장과 소통하면서 비전을 실제 활동과 연결하는 조직이라고 할 수 있겠다. 현장 활동을 통하여 확인되는 비전을 공동체로 모아내는 조직이다. 비전조직이 없으면 현장 활동이 활발할수록 비전을 잃고 상황에 매몰될 수 있다. 현장별로 파편화될 수 있다. 여러 현장이 비전을 통하여 서로 연결되고 연대감과 연대 활동이 깊어지고 넓어질 때, "청소년이 함께하고 사회와 연대하는 공동체"가 될 것이다.

2025년부터 2029년까지 들꽃이 일상에서, 또 비전에서 입체적인 발걸음을 시작한다. 30주년이다.

들꽃 30년, 네 번째 비전을 함께 하다.

박미선

첫 번째 비전을 함께 하다.

들꽃청소년세상이 법인이 되던 해 2003년 들꽃에 입사하게 되었다. 처음 시작은 안산의 와동 2층 상가의 들꽃피는학교에서 근무하게 되었다. 당시 들꽃 내 그룹홈 청소년 대다수가 일반 학교에 다니지 않는 청소년들이 많았기에 들꽃피는학교를 통하여 검정고시와 기초교육, 프로그램 활동 등 다양한 교육프로그램을 진행하였다.

청소년들의 인원수가 많아지고 좁은 상가에서 교육과 프로그램을 진행하기가 어려워 들꽃 비전에 따라 들꽃피는학교를 건축하게 되었고 2004년 들꽃피는학교를 건축하는 데 많은 어려움이 있었다. 부지를 옮겨 첫 삽을 뜨고 건물을 짓게 되었는데 건물이 한층 한층 올라갈 때마다 많은 건축비가 필요했다. 학교를 건축할 때 필요한 모금을 진행하였고, 건설회사에 공사비를 송금해야 하는 시점마다 건축통장에 있는 잔액을 보고 있으니, 한숨을 쉬며 걱정했던 기억도 난다. 공사비를 지급해야 할 시기가 오면 걱정이 태산이었지만 그럴 때마다 어디선가 하늘에서 뚝 떨어지듯 필요할 때마다 건축통장에 후원금을 입금해 주시는 후원자님들이 생기기 시작했다. 매번 어렵고 고비 때마다 부족하지 않게 그러나 넘치지 않게 후원금을 채워주셔서 감사하기도 했고 놀랍기도 했었다. 그 덕분에 공사비 잔금까지 모두 치르고 2004년 12월 들꽃피는학교가 준공되면서 들꽃의 10주년 기념식을 같이 맞이하게 되었다.

　들꽃의 첫 번째 비전인 안산에 대안 가정과 대안학교가 있는 배려 깊은 지역사회 건설이었고 그룹홈도 많아지고, 들꽃피는학교도 새롭게 건축하게 되어 첫 번째 비전을 성취하게 되었다. 아마 지금 와서 보면 학교 건축을 위해 후원자님들이 기도 해주시고 함께 해주셨기 때문에 오늘의 들꽃피는학교 안산센터가 있는 것이고 모두 함께했기에 가능했었다.

두 번째 비전을 함께 하다.

들꽃의 두 번째 비전을 향해 다양한 기관들이 생겼고, 국내뿐 아니라 해외의 네팔, 탄자니아, 몽골 지역까지 생겼다. 이러한 과정에서 또 한 번의 고비가 있었다.

더 많은 사업과 사업비를 지원하고자 후원금이 필요했고 2011년 거리 모금을 진행하게 되었다. 거리 모금을 진행할 때 많은 초기 투자 비용이 들게 되었고, 없는 살림에 비용이 발생하게 되어 몇 달간 월급이 나눠 나간 달들이 있었다. 법인의 통장 잔고를 보며 매번 그때그때 마다 지원해야 하는 부분에 한숨이 저절로 쉬어졌다가 걱정이 긍정으로 바뀌었다. 거리 모금팀 덕분에 후원금이 늘게 되었고 각 기관의 신규 사업프로그램에 지원할 수 있게 되어 법인 재정도 안정을 찾게 되었다. 현재는 거리 모금팀이 존재하지 않지만, 그 당시 필드에서 열심히 모금을 진행해 준 실무자가 함께 있었기에 들꽃도 지속할 수 있었고 더 많은 청소년에게 지원 해줄 수 있어서 함께여서 감사했다.

세 번째 비전을 함께 하다.

이후 들꽃에 새로운 변화가 일어났다. 더 많은 지역의 청소년들에게 지원하고자 법인이 안산에서 서울로 이전하였고 2014년 주무관청을 경기도에서 여성가족부로 변경되었다. 경기지부, 서울지부, 전북지부까지 3개의 지부가 생기고 청소년 보호를 넘어서 거리 청소년 지원, 청소년 참여, 청소년 자치활동 등 다양한 청소년 지원확장을 위해 힘썼다.

지역 확장을 통해 청소년활동이 본격적으로 진행되었고 청소년이 주도성을 발휘하고 참여와 자치활동, 후기 청소년들을 위한 자립과 활동들이 활발하게 이루어졌다. 이 과정에서 법인은 더 많은 기관 들이 생기고 활발한 활동 함에 있어 운영 업무가 더 커지게 되었고 그에 따라 많은 공부와 어떤 사업을 지원할 수 있을지에 대한 고민을 하게 되었던 것 같다.

지역 및 기관 확장과 동시에 사회로부터 투명성이 강화되는 시점에 이르렀다. 기관 운영에 대한 관리 감독이 보다 강화되었고, 국세청 공시자료 제출이 의무화되던 시점이었다. 국세청 공시자료는 점점 더 투명성을 요구하게 되었고 현재 시점에 좀 더 강화된 자료들을 작성하여 공시하게 되었다. 이 과정에서 스스로 세법 공부와 관련 책자를 찾아보고 공부하게 되었으며 세무 책자를 보고 공시자료를 작성하게 되었고 현재까지 새로운 변화에 대해 적응하고 투명성 있게 자료를 작성하여 공시하고자 노력하였다.

네 번째 비전을 함께 하다.

2024년은 다양한 변화와 네 번째 비전 설정을 만들고 선포하는 가장 중요한 해이다.

법인사업들이 확장되고 변화되면서 해야 할 업무와 과제들이 생겨났고, 그만큼의 책임감의 무게도 무거워진 것 같다. 법인사무국의 실무자 변경에 따른 환경변화와 그 과정에서 내가 책임져야 할 사람도 생겼고 법인의 일도 더 많아졌다. 때로는 이런 상황들이 힘들고, 어렵지만 지금 노력하고 있는 것들이 언젠가는 밑거름과 자양분이 되고 한 뼘 더 성장하고 스스로 발전하는 과정이라고 생각한다.

올해 가장 중요한 것은 들꽃의 네 번째 비전을 만들고 선포하는 것이다. 들꽃의 향후 방향과 비전을 위한 비전전략팀이 구성되었고, 이들을 중심으로 들꽃의 모든 실무자가 참여하여 비전 설정 작업을 통해 새로운 네 번째 비전 만들어 가고 있다.

4월 17일 전 직원 워크숍을 통하여 들꽃의 가치와 비전 설명을 들어 보고 네 번째 비전을 만들기 위해 비전 키워드를 뽑아 보았다. 5월은 비전 키워드를 바탕으로 기관별 비전을 만들어 보는 시간을 가져 보았고 법인사무국 실무자들과 함께 비전 키워드 중 무엇이 제일 중요한지 선택하여 주도성과 참여의 키워드를 뽑아 보았다. 키워드를 바탕으로 사무국에서 처음 나온 비전은 '들꽃청소년과 실무자는 시대의 변화에 앞장서는 주역이다'라는 비전 문장이 나오게 되었고 실무자들과 비전을 만들어 감에 있어 들꽃에 대한 애정과 관심을 더 갖게 되었고 네 번째 비전을 모두가 함께 만들어 갈 수 있어서 좋았다. 그리고 들꽃에 대한 주인의식을 조금 더 갖게 되었다고 하여 비전을 함께 만들어 감에 있어 보람을 느끼고 자부심도 느낄 수 있었다. 이후 지부별로 비전을 취합하였고 지부별 공통된 키워드를 뽑아 보는 시간을 가졌다. 비전전략팀 회의를 거쳐 공통된 단어들을 뽑아 보고 청소년, 공동체, 참여, 연대 등의 키워드를 뽑아 볼 수 있었다.

10월 16일 들꽃의 네 번째 비전인 '청소년참여로 시민이 함께하는 공동체'가 발표되었고 들꽃의 모든 실무자가 네 번째 비전을 함께 만들어 가는 과정을 통해 향후 5년의 들꽃의 비전을 설정하고 비전에 따른 목표를 만들어 한 방향으로 함께 나아갈 수 있을 것 같다.

 들꽃청소년세상의 3주체인 청소년, 실무자, 후원자가 있기에 들꽃이 존재하고 무엇보다 들꽃의 존재 이유는 청소년이 있기 때문에 들꽃이 존재하는 것이고, 이를 위해 들꽃실무자는 청소년을 위해 각자의 자리에서 최선을 다해 청소년을 지원하는 것이 실무자가 들꽃에 있는 이유일 것이다. 이를 위해 뒤에서 묵묵히 응원해 주는 후원자가 있기 때문에 들꽃청소년세상이 힘을 얻어 더 성장할 수 있고 청소년, 실무자, 후원자 모두 어우러져 앞으로 들꽃의 네 번째 비전을 바탕으로 새로운 항해의 길에서 방향키를 잘 잡고 더 넓고 새로운 바다로 나아 갈 수 있기를 기대해본다.

매일 피어나고 있다

지은이 | 들꽃청소년세상 종사자
펴낸이 | 김현수
발행처 | 도서출판 진포
발　행 | 2024년 12월 18일
주　소 | 서울시 관악구 난우16길 17(미성동 594-17)
전　화 | 02-866-8836
이메일 | waha1318@hanmail.net
홈페이지 | http://wahaha.or.kr/

인　쇄 | 진포인쇄
주　소 | 전북특별자치도 군산시 팔마로4
전　화 | 063-471-1318

ISBN | 979-11-93403-26-6

ⓒ 매일 피어나고 있다
본 책은 저작자의 지적 재산으로서 무단 전재와 복제를 금합니다.